D1986142

# Die Katze in der Familie

Ursula Birr

# Die Katze in der Familie

FALKEN

Zum Thema „Katze“ sind im FALKEN Verlag bereits erschienen:
„Die Katze“ (Nr. 7312)
„Die beliebtesten Katzennamen“ (Nr. 1870)
„Katzenkinder“ (Nr. 1737)
„Katzenkrankheiten“ (Nr. 1733)
„Richtige Katzenernährung“ (Nr. 1869)
„Katzen auf natürliche Weise heilen“ (Nr. 7314)

ISBN 3 8068 1076 1

© 1998 by FALKEN Verlag, 65527 Niedernhausen/Ts.
Die Verwertung der Texte und Bilder, auch auszugsweise, ist ohne Zustimmung des Verlags urheberrechtswidrig und strafbar. Dies gilt auch für Vervielfältigungen, Übersetzungen, Mikroverfilmung und für die Verarbeitung mit elektronischen Systemen.

**Umschlaggestaltung:** Jürgen Szillat
**Redaktion:** Dr. Gabriele Schweickhardt
**Titelbild:** IBIS Bildarchiv, Bergisch Gladbach (Werner Layer)
**Umschlagrückseite:** Ulrike Schanz, Heimstetten
**Fotos:** Reinhard-Tierfoto, Heiligkreuzsteinach-Eiterbach: S. 1, 2, 3 (Bild 1, 3, 4), 7, 17, 20 (rechts), 29, 34, 36, 38, 42, 48, 53, 59, 62, 69, 71, 72, 92, 98, 101, 123–134; Archiv für Kunst und Geschichte Berlin: S. 8; Bild-Agentur Geduldig, Vaihingen: S. 11 u. 88; Bildagentur IPO, Linsengericht: S. 12, 14–16, 19, 20 (links), 23, 27, 32, 35, 40, 45, 46, 50, 54–56, 58, 65, 67, 70, 74, 75, 77, 78, 82, 83, 85, 86, 90, 94, 95, 97, 100, 103, 105, 107, 110, 114, 116, 119, 120; P.U. Pinzer, Niedernhausen: S. 22 u. 26; Ralf Ziegler, Bechtheim: S. 3, 25, 76; Manfred Ruckzip, Taunusstein: S. 102; Pussy-Versand, Wegberg: S. 63; H.-J. Schwarz, Niederolm: S. 31, 99, 111; Margrit Stüber, Idstein: S. 112 u. 113
**Zeichnungen:** Gabriele Hampel, Kelkheim: S. 21 und Vignette; Livia Scholz-Breznay, Gomaringen: S. 77, 83, 96

Die Ratschläge in diesem Buch sind von der Autorin und vom Verlag sorgfältig erwogen und geprüft, dennoch kann eine Garantie nicht übernommen werden. Eine Haftung der Autorin bzw. des Verlags und seiner Beauftragten für Personen-, Sach- und Vermögensschäden ist ausgeschlossen.

**Gesamtkonzeption:** FALKEN Verlag, D-65527 Niedernhausen/Ts.

051076X 817 26

# Inhaltsverzeichnis

# Die Geschichte

# Wie die Wildkatze zum Haustier wurde

Noch immer ist sich die Wissenschaft nicht im klaren darüber, wann und wie die Katze zum Haustier wurde. Nur das Wo gehört heute zu den gesicherten Erkenntnissen und ebenso, daß sich das Domestizieren der Katze – im Gegensatz zu allen anderen Haustieren – über Jahrtausende hinzog. Sie kam nicht als gefangener Nützling zu den Menschen, sondern als wildes Tier, das freiwillig deren Nähe suchte – als sogenannter Kulturfolger. Das sind Pflanzen und Tiere (zum Beispiel Taube, Schwalbe, Maus), die so stark von der menschlichen Zivilisation profitieren, daß sie sich bevorzugt im menschlichen Lebensraum ansiedeln, ohne effektiv domestiziert zu sein.

Die Katze gesellte sich erst vor rund 8000 Jahren zum Haus, als Kulturfolger geduldet, weil sie Mäuse jagte. Geschehen ist dies vermutlich im Gebiet des heutigen Abu Simbel, als sich dort die ersten Menschen ansässig machten. Ihnen schloß sich die scheue, nachtaktive Afrikanische Wildkatze (Felis sylvestris libyca) an, eine Einzelgängerin, die den Mäusemassen in den Vorratsspeichern nachstellte. Aus dieser Zeit jedenfalls stammen die ersten Abbildungen von Katzen. Gezähmt war dieses Tier dann schätzungsweise um 2500 v. Chr., tatsächlich domestiziert etwa 1000 Jahre später. Und zu dieser Zeit wurde es in Ägypten außerdem zum Göttersymbol. Damit besaßen nach Volksglauben alle Katzen gottähnliche Eigenschaften und wurden von den Menschen auch entsprechend fürsorglich behandelt.

Allerdings ging es nur den wohlgepflegten Hauskatzen gut – die heiligen Tempelkatzen lebten in Käfigen ohne jeden Auslauf. Und immer wieder wurden wohl auch Jungkatzen als Opfertiere getötet.

In den Tempeln gab es übrigens nicht ausschließlich Nachkommen der Falbkatze. Während der Blütezeit des ägyp-

*Die Katze als Göttersymbol – Verkörperung der ägyptischen Göttin Bastet (6. Jh. v. Chr.)*

tischen Pharaonentums (im 2. Jahrtausend v. Chr.) wurde dort auch die Rohrkatze (Felis chaus) gehalten. Doch dürfte es sich dabei um Einzelfälle handeln, denn die überwiegende Mehrzahl der Gemälde, die die Katzenfrühgeschichte dokumentieren, zeigen eindeutig Abkömmlinge der Falbkatze.

So ist sie es denn wohl gewesen, die einige Jahrhunderte später aus Ägypten auszog, um die Welt zu erobern. Zwar war ihr als gottgleichem Tier, das dem Schutz der Priester, des Staates und des Volkes unterstand, zunächst ein Verlassen des Landes verwehrt. Die Todesstrafe stand nicht nur auf Katzenmord, sondern auch auf Katzenschmuggel. Doch trotzdem gelangten die ersten Tiere – vermutlich durch reisende Kaufleute – schon um 1700 v. Chr. nach Palästina und wenig später nach Kreta. Allerdings wurden sie dort weder als Haustier noch als Mäusefänger gehalten, sondern blieben exotische, geheimnisvolle Wesen, mit denen weder Griechen noch Römer etwas anfangen konnten.

Ähnlich reagierten später die Inder auf die ersten bei ihnen auftauchenden Katzen, die um 200 v. Chr. – wieder durch fahrende Händler – nach Asien kamen. Um das 5. Jahrhundert v. Chr. faßte die Katze dann Fuß in Süditalien und Griechenland. Wieder wurde ihr eher Mißtrauen als Zuneigung entgegengebracht. Nur dank ihrer Anpassungsfähigkeit und Fruchtbarkeit überdauerte sie 9 Jahrhunderte. Erst um 400 n. Chr. lernten sowohl die Römer als auch die Griechen sie als Mäusefängerin schätzen und nahmen sie in ihre Häuser auf, ohne daß sich aber auch ein Kult um sie gerankt hätte.

Anders in Japan und China, wohin Katzen entweder über indische Kaufleute oder über europäische Handelsreisende gelangten. Die Chinesen vergötterten die „heilige Mao“, die das Reisland vor Mäuse- und Rattenplagen bewahrte, und sie fürchteten die „Dämonin Miao-Kui“, die Menschen verhexen konnte. Ähnlich zwiespältig reagierten die Japaner, bei denen einerseits die unheimliche „Nekomata“ ihr Unwesen trieb, „Neko“ dagegen – die gute Fee – Segen in jedes Haus brachte. Um der Dämonie der Nekomata zu entgehen, fing man in Japan bereits zu jener Zeit (um 1000 n. Chr.) damit an, all diesen Katzen die Schwänze abzuschneiden, und man zog Jungtiere mit verkümmertem Schwanz gesunden Tieren vor. Die schönsten „Nekos“, die Glückskatzen – dreifarbig, mit Stummelschwanz – waren zuerst dem Tenno und seinem Hof vorbehalten. Im Laufe des 11. Jahrhunderts wurden sie dann zum glücksbringenden Geschenk für junge Paare und sind es bis heute geblieben.

Ende des 9. Jahrhunderts n. Chr. gehörten dann endlich in ganz Europa und Asien Katzen zum Alltag. Vergöttert, geliebt, genutzt, geduldet oder mißtrauisch beäugt – aber nicht verfolgt. Das änderte sich jedoch mit der zunehmenden Verbreitung des Christentums. Neben allen heidnischen Gottheiten und Bräuchen ächteten die von Rom Gesandten auch das heidnische Fruchtbarkeitssymbol Katze. Man betrachtete sie – vor allem die schwarze – gleichsam als Ver-

körperung des Teufels, und so wurde sie zum Universalsündenbock, den man als Verursacher jeglichen Unglücks – von Krankheit über Krieg bis hin zur schlechten Ernte – ansah. Eine beispiellos gnadenlose Verfolgung setzte ein. Hunderttausende Tiere in ganz Europa starben unter Folter, wurden verstümmelt, verbrannt und gesteinigt.
Die religiöse Katzenverfolgung hatte weitreichende Konsequenzen: Weil es in den Ballungsgebieten kaum mehr Katzen gab – überlebende Tiere zogen sich in die damals noch riesigen Wälder zurück –, vermehrten sich Mäuse und Ratten ungehindert, wonach es zum Ausbruch und zur rasenden Verbreitung der tödlichsten Menschenseuche kam: der Pest. Es sollte 600 Jahre dauern, bis das Virus, das Abermillionen Opfer forderte, schließlich gestoppt werden konnte.
In all diesen Jahrhunderten blieb die Katze in Europa ein zumindest von der Stadtbevölkerung geschmähtes Tier. Nur langsam hielt die Verfemte in Herrschaftspaläste wieder Einzug – diesmal als Schmusetier der weiblichen Adeligen, und allmählich wurde sie auch auf Bauernhöfen wieder geduldet.
Ganz anders als in West- und Mitteleuropa erging es den Katzen in Amerika zu Beginn der Neuzeit. Dort wurden sie zunächst wieder als Mäusefänger geschätzt, denn mitgeführten Katzen war es zu verdanken, daß die Schiffe der Pilgerväter nicht rattenverseucht waren. Die ersten Farmer empfingen die importierten Tiere begeistert als Nützlinge. In den Städten erzielten gepflegte, möglichst große Exemplare Rekordpreise. Sie hielten nicht nur die Häuser schädlingsfrei, sondern schenkten den Pionierfrauen auch ein bißchen Heimatgefühl und Wärme. So entwickelte sich die Katze in den Vereinigten Staaten viel früher zum Schmusetier als in Europa.
Hier verursachte erst die zunehmende Industrialisierung eine wachsende Entfremdung des Menschen von der Natur und ein Schwinden der Großfamilie und ließ damit das Bedürfnis nach einem Ersatz entstehen: Aus Haus- wurden Heimtiere, deren primäre Aufgabe nunmehr darin bestand dem Menschen Gesellschaft zu leisten. England, berühmt für seine Pferde- und Hundezucht, war das erste Land mit gezielter Katzenzucht, mit der Schaffung von Rassen, die den ästhetischen Wünschen ihrer Besitzer entsprachen. Immer neue Rassen entstanden – ein Trend, der sich heute noch fortsetzt.
Das Verhältnis des Menschen zur Katze wandelt sich immer noch weltweit. Wissenschaftliche Aufklärung über Verhaltensweisen und Wesen dieses Tieres haben sicher zu einer veränderten, jetzt überwiegend positiven Einstellung beigetragen.

# Ein Katzenleben

# Vom Baby zur erwachsenen Katze

Gleichgültig, ob es sich um eine Rasse- oder um eine Feld-Wald-und-Wiesen-Katze handelt, ob sie aus dem Tierheim oder von einem Bauernhof stammt oder ob sie in einer Familie geboren wird: Die wichtigsten Etappen des Lebens sind bei allen gleich. Und wir Menschen sollten wissen, was in diesen Geschöpfen im Laufe ihres Lebens vor sich geht, denn nur dann können wir ihre Aktionen und Reaktionen wirklich verstehen.

## Entwicklung der Neugeborenen

Wärme, Geborgenheit und der Nestgeruch sind das erste, was ein neugeborenes Kätzchen wahrnimmt. Es ist noch blind und hört nur schlecht. Doch der Tastsinn, der sich bereits 40 Tage vor der Geburt entwickelt hat, teilt ihm die körperliche Nähe von Mutter und Geschwistern mit. Dieser Sinn wirkt wie ein Thermometer – überlebenswichtig für ein Geschöpf, das die körpereigene Temperatur noch nicht regulieren kann. Instinktiv krabbelt so ein Katzenbaby in Richtung Wärme, auf noch wackeligen Beinen, mit ungelenken Bewegungen, aber immerhin schon aufrecht. Die Nase, bereits am 1. Tag funktionstüchtig, nimmt den Nestgeruch auf, und das Gedächtnis speichert ihn lebenslang.

*Gleich ist es geschafft – auf noch recht wackeligen Beinchen krabbelt das Katzenbaby zu seiner Mutter*

Schon nach 1 Tag findet das Baby Mutter und Geschwister aus anderen Katzen heraus. Weil die Stimme noch keine rechte Kraft hat, klingt der Klageschrei (der einzige Laut der Neugeborenen) leise und dünn. Das scharfe Ohr der Mutter hört ihn aber trotzdem sofort. Außerdem verläßt sie in den ersten 8 Tagen ihren Wurf ohnehin fast nie (rund 70 Prozent ihrer Zeit verbringt sie mit Säugen der Jungen), und wenn, dann kommt sie augenblicklich zurück, sobald dieses Kontaktpiepsen sie erreicht.
Eine Katzenmutter ist bereit, ihre Jungen buchstäblich bis zum letzten Blutstropfen zu verteidigen. Auch übermächtigen Feinden weicht sie nicht, sondern sie stellt sich ihnen zum Kampf, denn ihre Fluchtbereitschaft ist nach der Geburt der Babys rund 8 Wochen lang blockiert.
Etwa 25 Stunden nach der Geburt können die Kleinen schnurren, und um den 5. Lebenstag herum spitzen sie bei un-

bekannten Lauten die Ohren. Vor allem kratzende Geräusche, dieselben, die später ihren Jagdmechanisums auslösen werden, rufen jetzt schon große Aufmerksamkeit hervor.
Der wichtigste aller Katzensinne aber, das Auge, wird zuletzt aktiv. Erst 1 Woche nach der Geburt öffnen sich innerhalb von 2 bis 3 Tagen die noch blauen Augen, ohne jedoch sehr viel wahrzunehmen. Etwa mit 1 Monat sehen Kätzchen deutlich, erst um die Zeit der Trennung von der Mutter ist der Gesichtssinn voll entwickelt.
Sehen ist in diesen ersten Wochen auch nicht wichtig, denn die Babys beschäftigen sich nahezu rund um die Uhr mit Schlafen und Trinken. Zu letzterem animiert die Mutter sie, und sie massiert mit der Zunge nach jeder Mahlzeit den Bauch der Kleinen, bis die Verdauung in Gang kommt. Über die Muttermilch erhalten die Katzenkinder nicht nur alle notwendigen Nähr- und Aufbaustoffe für Muskeln, Knochen und Gewebe, sie werden auch „geimpft": gegen alle Krankheiten, mit denen die Katzenmutter einmal in Berührung gekommen ist. Sie gibt die aufgebauten Abwehrstoffe über die Milch weiter, so daß die Babys, solange sie saugen, gegen die häufigsten Infektionen gefeit sind.
Erst zu Anfang der 3. Woche werden die Kätzchen so richtig lebendig. Sie unterscheiden jetzt schon zwischen unbekannten und vertrauten Geräuschen, erkennen die Richtung, aus der solche akustischen Signale kommen. Die Stimme ist bereits kräftiger, das „Vokabular" umfangreicher: Neben dem Angstruf nach der Mutter lassen die Kleinen nun auch ein zufriedenes Gurren, ein Bettel-Miau, sogar erste ärgerliche Piepser zur Schwester oder zum Bruder hin hören.
Die Katzenmutter, die Geschwister, das Nest sowie vertraute Tiere und Menschen nehmen buchstäblich Gestalt an: Die Katzenkinder erkennen sie optisch und bewegen sich gezielt darauf zu. Weil aber der Gesichtssinn noch immer nicht voll ausgebildet ist, übersehen sie bei ihren Laufversuchen noch Hindernisse. Sie stolpern reichlich oft und verlieren dann auch im wahrsten Sinne des Wortes den Boden unter ihren Füßen.
Die Mutter zeigt nun erste Erschöpfungsanzeichen. Sie entfernt sich jetzt alle 2 bis 3 Stunden für einige Minuten, um sich in Ruhe zu putzen, zu strecken, zu erholen. Allerdings läßt sie ihre Jungen nach wie vor nicht aus den Augen, und auf das geringste Alarmzeichen hin kehrt sie sofort wieder zurück.
Nähert sich ein Fremder dem Wurf, erkennen die Babys das jetzt am Geruch und fauchen schon. Mit den ersten nadelspitzen Zähnen (das Milchgebiß ist mit 5 Wochen bereits komplett) beißen sie sogar mutig zu, wenn sie sich angegriffen und ohne Mutters Schutz fühlen. Um die Milchquelle hat sich inzwischen eine Rangordnung gebildet. Jedem im Wurf gehört eine Zitze, wobei das kräftigste Junge sich den besten Platz erboxen konnte. Zwar sorgt noch immer die Mutter dafür, daß die Verdauung funktioniert, doch sie muß ihre Kleinen nicht mehr zum Saugen animieren. Die Kätzchen empfinden nämlich jetzt Hunger und steuern ganz gezielt zur Brust hin.

Mit den Pfoten bearbeiten sie (im Rhythmus der Atemzüge bzw. des Herzschlages) den Bauch der Mutter und regen damit deren Milchfluß an.

## Die Lernphase

Der 2. und 3. Lebensmonat ist für alle Katzenkinder „Schulzeit". In dieser Phase schlafen sie so wenig wie danach nie mehr. Sie lernen jetzt all das, was sie später zum Überleben brauchen. Das meiste davon im Spiel: Sie üben das Sichanschleichen, das Sichducken, das Buckeln, das Abschätzen, ob eine Beute zu bewältigen ist oder nicht, den Sprung, die Verfolgung und die Flucht. Schwestern und Brüder müssen als Opfer und Jäger, als Rivalen und Partner herhalten.

*Gar nicht so einfach, dieses Balancieren auf dem Gartentor – aber mit etwas Übung klappt es sicher schnell*

Beim Klettern und Balancieren werden Gleichgewichtssinn und Muskeln trainiert. Gewagte Sprünge nach oben und Fallübungen verlaufen durch den sogenannten vestibulären Stellreflex, mit dem die Kleinen schon geboren werden, immer glimpflich. Dieser Reflex sorgt dafür, daß der Körper beim Fallen automatisch so ausgerichtet wird, daß die Katze mit allen vieren auf der Erde ankommt.

Mißerfolge bei solchen waghalsigen Unternehmungen sind ebensowenig dramatisch wie die vergebliche Jagd auf eingebildete oder echte Beute. Noch stehen die Katzenkinder unter Mutters Schutz. Noch können sie sich ab und zu an den Zitzen bedienen. Meistens aber laben sie sich an der von der Mutter herbeigeschleppten Beute. Obwohl die Kätzin ihren Kindern gegenüber jetzt immer häufiger ungeduldig wird, sie wegbeißt, wenn sie Körperkontakt suchen, und sie abschüttelt, wenn sie trinken wollen, ist sie weiter zur Stelle, wenn Gefahr droht, und schart dann die Kinder hinter sich. Außerdem wirkt noch ihr Vorbild: Durch Beobachten und Nachahmen lernen die Kätzchen, Kot und Urin in lockerer Erde abzusetzen und zuzuscharren. Sie imitieren Mutters Recken und Strecken sowie das Krallenwetzen. Sie erfahren von ihr, wer Freund oder Feind ist, welche Nahrung giftig ist und welche schmackhaft sein kann.

Wenn die Katzenmutter dann ihre Kinder – runde 12 Wochen nach deren Geburt – fast ignoriert oder sie durch Beißen und Fauchen von sich fernhält, sind

*In der freien Natur stellen Greifvögel neben Füchsen eine tödliche Gefahr für junge Katzen dar*

sie körperlich und seelisch fit fürs Leben. Und sie beginnen, sich auf eigene Füße zu stellen.

## Trennung von der Mutter

Bis zum Zeitpunkt der Trennung hat das Geschlecht der Jungkatzen keine Rolle gespielt. Erst danach zeigen sich die Verhaltensunterschiede zwischen Kater und Kätzin.
Kater werden in den Kolonien wildlebender Katzen nicht geduldet, solange noch ein „Platzhirsch" die Herrschaft für sich beansprucht. Die jungen Männchen wandern deshalb früher ab als die Weibchen. Sie suchen nach einem nicht besetzten Revier oder prüfen, ob sich andere Katerterritorien erobern lassen.
Die Kätzinnen dürfen meist länger in einer Gruppe bleiben, sogar Ammendienste bei der nächsten Generation leisten und (zwischen dem 7. und dem 9. Lebensmonat werden sie geschlechtsreif) ihrerseits Mutter werden. Sie profitieren von den Erfahrungen der Kolonie und genießen deren Schutz.

# Das Territorium

Ob in der Wohnung, auf dem Bauernhof oder als Streuner – zu den Grundbedürfnissen jeder Katze gehört es, ihr eigenes Revier zu besitzen. Das Einzugsgebiet eines potenten Katers kann bis zu 75 Hektar groß sein, während Kätzinnen (und Kastraten) sich gewöhnlich mit 2 bis 3 Hektar zufriedengeben. Diese Reviere laufen alle Katzen systematisch ab – auf festen Trampelpfaden, die Ruhe-, Aussichts-, Jagd-, Kampf-, Treffpunkt- und Brautschauplätze miteinander und mit dem zentral gelegenen Heim verbinden.
Im Idealfall, wenn genug Raum vorhanden ist, beherrscht ein potenter Kater allein sein Riesenreich, das sich bis zu zehn Bräute mit ihm teilen.
Heute müssen sich allerdings generell – bei den ländlichen Populationen und besonders bei den Stadt- und Wohnungskatzen – sehr viel mehr Katzen mit

lächerlich kleinen Territorien begnügen. Und hier zeigt sich die ganz besondere Anpassungsfähigkeit dieses hochentwickelten Tieres, das, was Verhaltensforscher „Ecological survival ability" nennen: Man geht einander so gut wie möglich aus dem Weg. So teilen sich zum Beispiel mehrere Kater ein Revier, indem sie die „Inspektionszeiten" aufeinander abstimmen. Der eine nutzt die erste, der andere die zweite Tageshälfte bzw. die Nachtphase. Oder die Reviergemeinschaft sucht sich Trampelpfade, die einander nicht kreuzen. Eine häufige Lösung ist auch ein gemeinsamer Bereich, etwa ein „Mäusefeld", auf das wie auf die Mitte einer Torte mehrere Reviere sternförmig zulaufen, so daß es nur wenig Reibungspunkte gibt.

Lockere Zusammenkünfte meistens der Kater eines Reviers, immer nachts und auf neutralem Grund, dienen offenbar einem „Check", ob sich nicht womöglich in Neuer eingeschlichen hat. Interessant ist, daß die Tiere bei diesen Treffen genau auf die Distanz untereinander achten: Sie sitzen jeweils 2 bis 3 m von ihren Nachbarn entfernt, so daß der Eindruck eines magischen Zirkels entsteht.

# Die Paarung

In diesen festgefügten Clans müssen die Jungkatzen sich behaupten, bevor sie anerkannt werden. Die ersten Wochen des Jahres (mit den längerwerdenden Tagen erwacht der Paarungstrieb) sind die Zeit der großen Auseinandersetzungen. Potente Kater suchen nach paarungsbereiten Weibchen, dringen dabei in fremde Reviere ein und führen erbitterte Kämpfe gegeneinander. Sie markieren mit Urin die Reviergrenzen, um die Kätzinnen zu locken und Rivalen zu vertreiben. Die schauerlichen Gesänge kennt jeder – sie sollen möglichst weit hörbar sein, um auch neue Weibchen aufmerksam zu machen. Diese wiederum, sonst eher seßhaft, unternehmen nachts weite Streifzüge. Der über Hormone mit Duftstoffen getränkte Urin wird als Lockmittel eingesetzt: Rollige Kätzinnen markieren wie Kater. Und sie rufen diese auch. Weil der Ranzschrei einer paarungswilligen Katze alle Kater

*Hier kämpfen zwei potente Kater miteinander um ihre Revieransprüche*

*Für den Moment der Paarung wird die Kätzin durch den festen Nackenbiß des Katers bewegungsunfähig*

der Gegend anlockt, wird ihr kleines Revier bald zur Kampfarena. Denn die künftige Mutter sucht sich den Vater ihrer Kinder ganz gezielt aus.

Hauptpaarungszeit wildlebender Katzenpopulationen ist der März – im Mai werden rund ein Drittel aller Kätzchen geboren. Die Kater müssen sich der Braut dabei vorsichtig und geschickt nähern, denn sosehr sie ihren Freier durch Wälzen und Miauen auch lockt, so böse faucht sie ihn wieder weg, wenn er zum Sprung ansetzt. Unmittelbar nach der Paarung wird sie zur Furie, und ein Kater, der sich nicht mit einem geschickten Satz in Sicherheit bringt, kann ernste Verletzungen davontragen. Bis zu 20mal in den aufnahmebereiten Tagen erdulden die Weibchen den festen Nackenbiß, mit dem die Männchen sie festhalten. Nach der Paarungsphase gehen beide wieder ihrer Wege.

Während die Kater nach den wilden Hochzeitswochen eine Ruhepause mit viel Schlaf und Erholung einlegen, suchen die Kätzinnen nach einer optimalen Kinderstube, einer Höhle mit wenig Störfaktoren und guten Jagdgründen in unmittelbarer Nähe. Sie jagen und streunen jetzt mehr als sonst, weil der Instinkt sie leitet, sich eine Fettreserve zuzulegen und gleichzeitig durch dauernde Inspektion des Bereichs rund um

die Wiege mögliche Gefahren frühzeitig zu erkennen. Fast alle trächtigen Weibchen suchen auch ein Ersatznest, in das sie ihre Babys schleppen können, wenn das erste sich letztlich doch als zu unsicher erweisen sollte.
Die Woche vor der Geburt verschläft die werdende Mutter. Erst wenn die Kleinen 8 Tage auf der Welt sind, beginnt sie wieder zu jagen. Sind ihre Kinder selbständig, wird sie erneut rollig. Rund 8 Jahre behalten die erwachsenen Katzen die Herrschaft über ihr Reich, ein- bis zweimal im Jahr ziehen sie Nachwuchs groß. Dann beginnt bereits das Alter.

# Das Alter

Etwa 15 Jahre alt kann eine wildlebende Katze ohne menschliche Fürsorge und medizinische Betreuung werden. Die Lebenserwartung der Hauskatzen ist in den letzten Jahrzehnten drastisch gestiegen, so daß 20jährige Tiere keine Ausnahme mehr darstellen.
Das Alter beginnt bei einer Katze recht früh: Ab dem 9. Lebensjahr wird sie zusehends ruhiger, sie schenkt weniger Jungen das Leben, geht Auseinandersetzungen mehr und mehr aus dem Weg. Die Augen sehen nicht mehr ganz so scharf. Auch Nase und Gehör lassen allmählich nach. Die Gelenke zeigen Verschleißerscheinungen. Die aktiven Phasen am Tag werden kürzer und seltener – ältere Katzen schlafen bis zu 20 Stunden täglich. Das Wärmebedürfnis steigt. Die Tiere lieben es besonders, häufig in der Sonne zu liegen, sie suchen sich nachts warme Kuschelplätze und gehen bei Regen und Frost nur ungern auf die Jagd.
Vom 13. Lebensjahr an wird das Immunsystem schwächer. Viren und Pilze gehören zu den häufigsten Todesursachen alter, wildlebender Katzen, die den Krankheitserregern nichts mehr entgegenzusetzen haben. Weil ihnen die Kraft zur Nahrungssuche fehlt, schlafen sie fast immer in den Tod: der Grund, warum so viele Menschen glauben, eine Katze würde den Zeitpunkt ihres Todes kennen und sich deshalb verkriechen.
Auch die reinen Wohnungskatzen altern zusehends, wenn sie das 13. Lebensjahr vollendet haben. Rein äußerlich zeigt sich das allerdings nur an ein paar weißen Härchen im Gesicht, manchmal auch an leicht getrübten Augen. Allerdings steigt das Schmusebedürfnis genau wie der Schlafbedarf bis zum Lebensende immer weiter. Viele Hauskatzen sterben an Schlaganfällen oder an Herzversagen, oder sie werden vom Tierarzt erlöst, wenn er bösartige Tumore festgestellt hat.

# Der Katzenkörper und seine Fähigkeiten

# Was die Katze alles kann

Nicht ohne Grund gilt die Katze als das am höchsten entwickelte Raubtier. Körper und Sinne sind – bei unseren Hauskatzen noch ebenso wie schon bei deren Vorfahren – so perfekt wie bei keinem anderen Säugetier für die Jagd gerüstet, und zwar ganz speziell auf kleine, am Boden lebende Beutetiere.
Das Skelett mit über 240 sehr leichten, dafür aber kräftigen Knochen und die mehr als 500 Muskeln ermöglichen geschmeidige, rasche Bewegungen. Das biegsame Rückgrat kann sich U-förmig zusammenziehen, zum Beispiel beim Buckelmachen oder zum Schlafen. Es läßt sich aber auch kerzengerade strekken und sogar dehnen. Die gleiche Flexibilität weist die Halswirbelsäule auf. Eine Katze kann ihren Kopf um bis zu 180° drehen – etwa wenn sie sich putzt. Sie ist durchaus in der Lage, sich mit der Hinterpfote am Ohr zu kratzen, ja sogar, sich mit der Zunge die Schwanzwurzel zu reinigen.

Alle Katzen sind Zehengänger – sie setzen beim Laufen nicht den ganzen Fuß, sondern nur die Ballen (vergleichbar den menschlichen Fingern und Zehen) auf. Das verlängert die Beine und erhöht so die Laufgeschwindigkeit. Sie haben an den hinteren Beinen je vier, an den vorderen je fünf Ballen. Alle sind mit starker Hornhaut überzogen und bieten dadurch beim Abstoßen und beim Bremsen genügend Halt. In den Ballen eingelagerte Fettzellen fangen Stöße beim Springen oder beim schnellen Laufen ab. Die Ballen umschließen auch schützend eine der stärksten Katzenwaffen: die spitzen und wie ein Dolch gekrümmten Hornkrallen. Beim Laufen werden

*Diese beiden Fotos zeigen deutlich die enorme Beweglichkeit des Katzenrückgrats: Es läßt sich U-förmig zusammenziehen, aber auch ganz gerade strecken, ja sogar dehnen*

sie durch Sehnen der Zehenmuskeln in den Hauttaschen der Ballen gehalten. Sie haben also nicht, wie beim Hund, Bodenberührung, wetzen sich infolgedessen nicht stumpf und ermöglichen der Jägerin ein lautloses Sichanschleichen. Die Krallenpflege besorgt jede Katze selbst. Ihre Vorderkrallen schleift sie täglich spitz – durch Kratzen an einem Baum oder an festem Stoff, manchmal auch an strukturierten Wänden. Die hinteren feilt sie mit den Zähnen bei jeder Katzenwäsche nach. Sie werden hauptsächlich beim Klettern eingesetzt, während die größeren und kräftigeren Vorderkrallen der Verteidigung und dem Greifen bzw. Halten von Beute dienen. Umgekehrt sind die Muskeln der Hinterbeine beinahe doppelt so schwer und so kräftig wie die der Vordergliedmaßen. Sie entfalten eine gewaltige Kraft, vor allem beim Springen. Die Katze ist in der Lage, aus dem Stand oder dem Sitz heraus nach vorn, zur Seite, nach oben und sogar rückwärts zu springen. Dabei zieht sie zuerst Knie und Fußgelenke zusammen. Durch das blitzschnelle Strecken erhält sie dann den notwendigen Schub für ihren Sprung.

Ein gesundes Tier kann bis zu fünfmal so hoch springen, wie es selbst lang ist –

Der Katzenkörper auf einen Blick

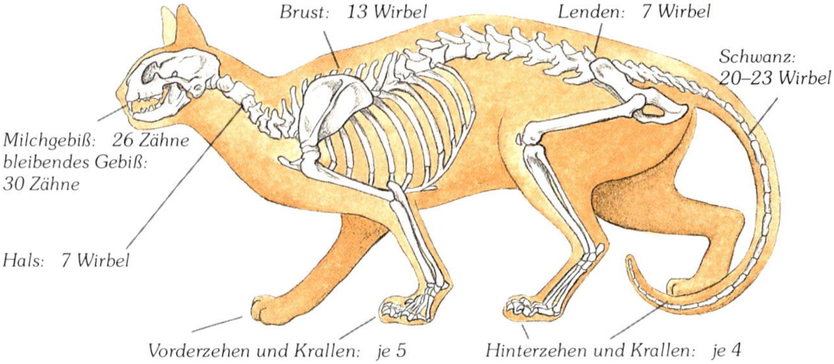


Skelett: 244 Knochen
Muskeln: 512
Gewicht: 3–6 kg
Größe: um 50 cm

Temperatur: 38,6° C
Herzschlag: 110–140 min
Atemfrequenz: 30–50 min

wie gesagt, ohne Anlauf. Aus der Bewegung heraus springt die Katze nur, wenn sie das Ziel schon genau kennt. Neue Hindernisse dagegen taxiert sie zunächst gründlich, schätzt Höhe und Entfernung ein und springt dann in einem möglichst knappen Winkel los. Dabei versucht sie immer, höher zu springen, als ihr Zielpunkt eigentlich ist, damit sie dann mit den Hinterbeinen landen und Schwanz und Vorderpfoten als Balancestangen nutzen kann. Wenn die Sprungkraft nicht ausreicht, sucht sie sich einen Zwischenlandungspunkt, den sie mit so viel Schwung angeht, daß sie den Rest der Strecke per Klimmzug mit den Vorderkrallen bewältigt – eine unvergleichliche Technik, die sie allen anderen kletternden Tieren voraus hat.

Während Sprünge auf Hindernisse von bis zu 2 m Höhe keinerlei Problem darstellen, zögert fast jede Katze, wenn sie eine Hürde überwinden soll, auf der sie nicht landen kann. Schon einen 30 cm hohen Zaun umgeht sie lieber – oder sie versucht ihn zu überklettern. Schwierig ist auch der Rückweg von dem hochgelegenen Ziel, denn diese Tiere scheuen sich sowohl, tief nach unten zu springen, als auch kopfüber hinunterzuklettern. Immer wieder lassen sich Katzen aus Bäumen retten oder bleiben lieber tagelang in luftiger Höhe sitzen, als die Tour nach unten zu wagen.

So gut unsere Hauskatzen klettern, springen und sprinten können, so wenig sind sie zu einem Dauerlauf fähig. Das relativ kleine Herz und die vergleichsweise schwachen Lungen würden sie schnell aus der Puste kommen lassen. Darum wählen sie bei der Flucht fast immer den Ausweg nach oben. Bei der Verfolgung setzen sie auf das lautlose Sichanschleichen, den blitzartigen Beutesprung und auf ihre Hauptwaffen: die Krallen und die Zähne. Von allen Landsäugern hat die Katze im Vergleich zu ihrer Größe das mächtigste „Killergebiß". Die 30 Zähne, weniger als bei allen anderen Fleischfressern, sitzen in kurzen, sehr beweglichen Kiefern. Ihr Gebiß besteht aus je sechs winzigen Schneidezähnen (für Fell- und Krallenpflege sowie zum Knabbern) in Ober- und Unterkiefer, die von den dolchartigen Fang- oder Hakenzähnen, je zwei oben und unten, flankiert sind. Mit ihnen packt, hält und zerreißt die Katze ihre Nahrung. Im hinteren Kieferbereich befinden sich die scherenartig zueinander gestellten Mahl- und Backen-

*Die beiden Fangzähne sehen nicht nur gefährlich aus, sie sind es auch*

zähne, mit denen große Brocken gleichsam in kleine Happen zerschnitten werden, die sich leicht schlucken lassen, denn Katzen kauen ihre Nahrung nicht. Erwachsene Tiere besitzen je zwei Mahlzähne oben und unten. Im Oberkiefer haben sechs, im Unterkiefer insgesamt zehn Backenzähne Platz. Das Milchgebiß (Katzen zahnen ab der 3. Lebenswoche, das bleibende Gebiß ersetzt die Milchzähne nach und nach ab der 14. Lebenswoche) besteht nur aus 26 Zähnen, weil die vier hinteren Unterkieferbackenzähne fehlen.

# Die Sinne

Viele außergewöhnliche Fähigkeiten der Katze sind noch unzureichend erforscht, etwa das Vorahnen von Erdbeben oder das Heimfindenkönnen über Tausende von Kilometern hinweg. Tatsächlich gehört die Katze zu den Ausnahmewesen, bei denen alle Sinne optimal ausgeprägt sind und nicht – wie zum Beispiel beim Menschen das Auge oder beim Hund die Nase – ein Sinn dominiert. Das Zusammenspiel von Sehfähigkeit, perfektem Gehör, feiner Nase, Tastvermögen und Geschmackssinn gestaltet für diese Vierbeiner die Welt viel reichhaltiger als für uns Menschen.

## Der Sehsinn

Die leuchtenden Katzenaugen – kugelrund und im Verhältnis zum Kopf sehr groß –, die nachts intensiv strahlen, sind

*Die großen leuchtenden Augen mit den Pupillen, die sich zu einem feinen Schlitz verengen können, sind das Auffälligste an einer Katze*

*Bei vorfallender Nickhaut sollte man auf jeden Fall den Tierarzt konsultieren, denn das kann der Hinweis auf eine ernste Erkrankung sein*

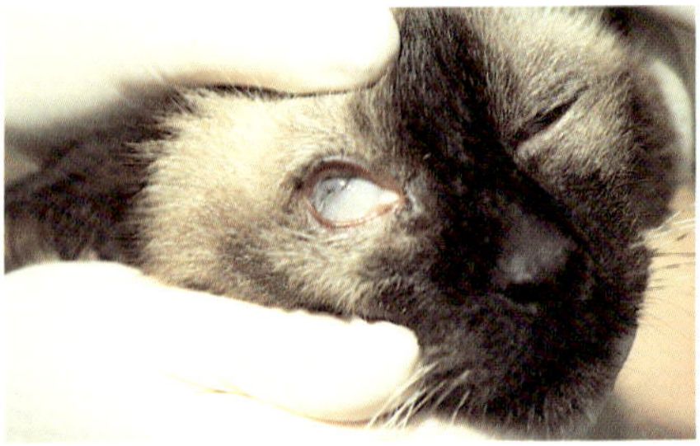

besonders auffallend, und speziell die Pupille, die sich zu einem millimeterdünnen Schlitz verengen, aber auch zu einer augenfüllenden Scheibe erweitern kann. Sie zeigt nicht nur die Lichtintensität an, sondern sie spiegelt auch die seelische Stimmung der Katze wider. So wie sich beim trauernden oder erschreckten Menschen die Augen verdunkeln, erweitert sich auch die Katzenpupille bei Angst, Schmerzen, Streß oder im Schock. Die Augen selbst sind relativ starr – sie können nicht gerollt oder verstellt werden, was die Katze durch den extrem biegsamen Hals ausgleicht: statt zu schielen, wendet sie den Kopf. Das bewegliche obere sowie das unbewegliche untere Lid schützen den Augapfel vor Verletzungen durch Fremdkörper. Gegen Austrocknung hat die Katze noch ein drittes Lid, die sogenannte Nickhaut, die in den inneren Winkeln sitzt und den Augapfel mit ausreichend Tränenflüssigkeit versorgt. Deshalb muß sie nicht, wie wir Menschen, alle paar Sekunden mit den Augen blinzeln, was auf uns manchmal unheimlich wirkt. Das Blinzeln setzt die Katze bewußt und gezielt ein – es ist ein Teil ihrer Körpersprache (s. S. 37). Die Nickhaut besitzt noch eine zusätzliche schützende Funktion: Sie schmiert Staubkörnchen weg. Normalerweise sind die dritten Lider in die Augenwinkel eingezogen. Eine dauernd sichtbare Nickhaut deutet nicht nur auf eine Augenerkrankung des Tieres hin, sondern kann auch innere Krankheiten anzeigen. Bei Vorfall sollte man deshalb in jedem Fall den Tierarzt zu Rate ziehen.

Bei unseren Hauskatzen glitzert der Glaskörper, die Iris oder Regenbogenhaut, bernsteingelb bis blaßgrün. Bei Rassekatzen kann die Iris blau, türkis, smaragdgrün, golden, orange oder kupferrot sein – und sogar zwei verschiedene Farben annehmen. „Odd-eyed"-Katzen haben ein blaues und ein orangefarbenes Auge. Ursache für das bunte Spektrum sind eingelagerte Pigmente. Bei den noch unvollständig pigmentierten Neugeborenen zeigt die Iris bis etwa zur 12. Woche ein metallisch schimmerndes Blaugrau, das allmählich der bleibenden Farbe weicht. Die Sehfähigkeit wird von der Farbe der Regenbogenhaut allerdings in keiner Weise beeinflußt. Die Iris hat eine andere Aufgabe: Lichtempfindliche Muskeln ziehen sich bei abnehmender Helligkeit zusammen und machen so der Pupille und der inneren Netzhaut (Retina) mehr Platz. Bei greller Sonne hingegen dehnen sie sich stark aus, so daß die Pupille nur schlitzförmig zu sehen ist.

Wahrnehmen kann die Katze alles, was sich vor ihr und seitlich bis zu einem Winkel von 180° abspielt. Sie sieht es räumlich, wie wir Menschen auch, vermag also Entfernung und Form eines Objekts genau einzuschätzen. Ihre absolute Sehschärfe entfaltet sie aber auf eine Distanz zwischen 2 und 6 m. In unmittelbarer Nähe ist sie weit-, auf größere Entfernung kurzsichtig. In Fangweite aber sieht sie scharf und genau. Doch ihre Welt präsentiert sich nicht so bunt wie unsere. Katzen unterscheiden Blau und Grün, Schwarz und Weiß, können aber Gelb, Orange und Rot nur mit

Mühe auseinanderhalten. Diese Farbenblindheit hat sogar Vorteile: Auf der Retina finden 25mal so viele lichtempfindliche Zäpfchen wie farbempfindliche Stäbchen Platz. Diese Zäpfchen sammeln Reststrahlen in der Dämmerung. Zusätzlich ist die Pupille bis zu 12 mm Durchmesser geöffnet, und alle Lichtstrahlen, die nicht von den Zäpfchen aufgefangen werden, treffen auf eine spiegelartige Gewebeschicht hinter der Netzhaut. Dieses sogenannte Tapetum lucidum (leuchtender Fleck) reflektiert alles Licht und reizt somit die Lichtzellen im Auge noch einmal. Das Zurückwerfen der Reststrahlen verursacht dann das charakteristische Leuchten der Katzenaugen in der Nacht. Dank dieser doppelten Ausnutzung des Lichtes erkennen Katzen nachts und in der Dämmerung Formen, Umrisse und natürlich Bewegungen im Umkreis von 10 m. Doch auch in absoluter Dunkelheit können sie sich orientieren. Dafür sorgen der phantastische Tastsinn und spezielle Hörzellen in den Augen.

## Der Tastsinn

Auf der Katzenhaut wachsen – außer den schützenden Woll- und Leithaaren – sogenannte Sinneshaare, die härter, länger und stärker sind als das restliche Fell. Am meisten fallen davon die etwa 30 Schnurr- oder Barthaare auf, die auf Ober- bzw. Unterlippe sitzen. Daneben, an den Backen, wachsen jeweils zwei, über den Augen etwa zehn und auf der Rückseite der Vorderpfoten, am sogenannten Karpalorgan, noch einmal rund fünf. Diese Sinneshaare sind mehr als doppelt so dick wie die Fellhaare, und sie wurzeln dreimal so tief in der Haut. Die Haarwurzel steckt in einem stark durchbluteten Säckchen mit unzähligen Tastnerven und hochsensiblen Muskeln. Mit Hilfe der letzteren kann eine Katze die Tasthaare gleichsam an- und ausschalten. Die Nervenfasern wiederum reagieren besonders empfindlich auf Vibrationen, Temperatur und Luftdruck. Das erklärt möglicherweise, warum viele Katzen Explosionen in kilometerweiter Entfernung registrieren, unruhig werden, wenn ein Gewitter naht, und Naturkatastrophen wie Flutwellen, Vulkanausbrüche, Wirbelstürme und Erdbeben tagelang vorausahnen. Denn alle diese Ereignisse senden Schwingungen aus, die die Tasthaare empfangen.

*Hier sieht man die Sinneshaare im Gesicht der Katze besonders schön*

Sie ersetzen auch die Augen in vollkommener Dunkelheit oder wenn sich etwas im toten Winkel befindet. Am häufigsten allerdings wird der Tastsinn gebraucht, um die mögliche Gefährlichkeit von etwas Unbekanntem festzustellen. Alles Neue im Blickfeld beäugt die Katze zuerst aus sicherer Entfernung. Dann zieht sie ihre Schnurrhaare nach vorn, fächert sie weit auf und prüft Temperatur und Konsistenz des Objekts. Erst danach schaltet sie die Tastfühler ab, indem sie sie nach hinten anlegt, und konzentriert sich auf den Geruch. Hat sie diesen „in der Nase", setzt sie noch einmal den Tastsinn ein – diesmal den der Pfoten und des Nasenspiegels. Beide reagieren auf leiseste Berührungen und melden Form und Beschaffenheit des Objekts. Dieses Berühren mit den Ballen einer Vorderpfote kann man bei unseren Hauskatzen immer dann beobachten, wenn sie ein neues Spielzeug entdecken und es zunächst bepfoteln.

*Das Bepfoteln meldet der Katze Form und Beschaffenheit eines Objekts*

## Geruchssinn und Geschmackssinn

Mit den Tastsensoren eng verbunden sind Geruchs- und Geschmackssinn. Die Tastnerven in den Ballen haben Pendants auf dem Nasenspiegel und der Zunge. Fühlen, Riechen und Schmekken hängen tatsächlich bei der Katze zusammen. Welche Bedeutung dem Geruchssinn zukommt, erleben wir täglich, denn die Tiere setzen ihre Nase überall ein: vor dem Fressen, auf der Toilette, beim Hinlegen, beim Spielen und vor allem bei jeder Kontaktaufnahme mit Artgenossen, anderen Tieren oder dem Menschen.

200 Millionen Riechzellen im Rachenraum zwischen Nase und Gaumen filtern aus der eingeatmeten Luft die verschiedenen Duftstoffe heraus und ordnen sie nach unwichtig und wichtig. Besonders gereizt werden die Nerven durch Fleisch- bzw. Fettgeruch und durch die Sexualbotenstoffe anderer Katzen.

Ein unbekanntes oder extrem lockendes Aroma ruft das Flehmen hervor: Dabei öffnet die Katze beide Lippen und zieht Luft auf ihre Zunge, die von dort gegen den Gaumen gedrückt wird – zum Jacobsonschen Organ, einem zusätzlichen Geruchsorgan. Dieser kleine Zapfen verstärkt die Wahrnehmung interessanter Gerüche und dient vor allem dem Identifizieren der Nachrichten von Artgenossen.

Weil der Geschmackssinn erst durch den Geruchssinn angeregt wird, frißt ein

Tier, das Schnupfen hat, nichts mehr oder nur noch sehr stark riechendes Futter. Noch nicht geklärt ist die Vorliebe von Katzen jeden Alters, Geschlechts und auch jeder Art (zum Beispiel Löwen) für bestimmte Öle, wie etwa Baldrian oder Katzenminze. Man kennt zwar die Substanz (Nepetalakton), die diese Erregung auslöst, aber nicht deren Sinn. Fest steht, daß Katzen beim Riechen des Baldrian- oder Catnipduftes anfangen zu speicheln, sich zu wälzen, zu treteln und das jeweilige Objekt mit Pfoten und Zähnen zu bearbeiten. Die Zubehörindustrie hat sich diesen Zustand zunutze gemacht und bietet catnipgetränkte Spielsachen an. Der Geruchssinn verleitet eine Katze zum Fressen und Trinken und schaltet die Geschmacksnerven ein, die an Zungenspitze und -wurzel sowie an den Seitenwänden des Gaumens sitzen. Das Tier unterscheidet damit Wasserqualität, Salziges, Bitteres und Scharfes. Süßes können die Geschmacksknospen nicht erkennen. Die Vorliebe für Milch oder Sahne mag am Fett- bzw. am süßlichen Geruch liegen, ganz sicher nicht am Zuckergeschmack. Bei allem Eß- und Trinkbaren verläßt sich die Katze ohnehin nicht auf ihre Zunge, sondern viel mehr auf ihre Nase.

## Das Gehör

Während der Geruchssinn beim Fressen eine bedeutende Rolle spielt, braucht ihn die Katze beim Beutefang kaum. Bei der Jagd vertraut sie den Augen und ihrem außerordentlichen Gehör, das

*Katzen können ihre Ohren unabhängig voneinander bewegen*

wiederum eng mit dem Tastsinn verbunden ist. Denn Geräusche sind ja nichts anderes als Schwingungen, die sowohl die Tast- als auch die Hörorgane erreichen. Das erklärt auch, warum Katzen ihre Ohren oft schon spitzen, bevor sie einen Ton tatsächlich wahrnehmen können. Wie eine Satellitenschüssel stellen sie ihre Muscheln auf Empfang, weil der Tastsinn ihnen signalisiert, daß eine Botschaft im Kommen ist. Die beiden Ohren lassen sich unabhängig voneinander und bis zu einem Winkel von 180° jeder Geräuschquelle entgegendrehen. Sie erfassen alle Schwingungen zwischen 20 Hertz (also 20 Schwingungen pro Sekunde = sehr tiefer Ton) und

65 Kilohertz (65 000 Schwingungen pro Sekunde = sehr hoher Ton im Ultraschallbereich), ein Bereich in dem wir Menschen schon längst kein Geräusch mehr zu registrieren vermögen. Die Katze aber hört die Töne nicht nur, sie lokalisiert sie auch genau, identifiziert also, woher sie kommen, wie weit sie weg sind und in welche Richtung sie sich mit welcher Geschwindigkeit ausbreiten. Beim Beutefang im hohen Gras kann die Jägerin zum Beispiel ohne ihr Opfer zu sehen und lediglich aufgrund der empfangenen Geräusche berechnen, wo sich eine Maus befinden muß, wenn sie selbst den Jagdsprung beendet hat. Weil alle soziallebenden Nagetiere, wie die Feldmaus, mit Ultraschallpiepsen Kontakt zur Familie halten, findet die Katze die Nester allein über Gehör und Tastsinn, wenn wetter- oder lichtbedingt Augen und Nase ausfallen.

Das Gehör spielt aber noch eine andere entscheidende Rolle. Es prägt nämlich das „Bild“, das sich eine Katze von ihrer Welt macht. Vertraute Geräusche dienen ihr zur Orientierung und zum Wiedererkennen eines Reviers. Dazu nutzt sie außer dem Ohren auch Hörnerven in den Augen. Beim Heimfinden aus einer radialen Entfernung von bis zu 5 km vom Zuhause läßt sich das Tier vor allem von Geräuschquellen leiten, deren Entfernung und Richtung ihm den kürzesten Weg weisen. Für uns ist das schwer vorstellbar: Beim Weggehen vom „Nest“ schafft das Gehör ein Klangbild – Wasserrauschen im Süden, 500 m weit entfernt; Verkehrslärm 1 km westlich; Blätterrauschen 100 m im Norden; und ein Hohlweg, durch den Wind pfeift, unmittelbar im Osten. Hat sich die Katze jetzt tatsächlich verirrt, etwa nach einer panischen Flucht, ruft sie einfach diese Klangbilder ab. Sie „sucht“ dann mit erhobenem Kopf nach einem bekannten Geräusch, um das herum sie sich so lange kreisförmig bewegt, bis die anderen, die sie gespeichert hat, passen.

Klangbilder prägen auch ihr Zeitgefühl. So wartet sie zu bestimmten Zeiten auf den Dosenöffner, oder sie ist pünktlich zur Stelle, wenn Schritte im Treppenhaus die Ankunft eines ihrer Menschen ankündigen.

# Die Katze in ihrer Welt

# So sieht der Katzenalltag aus

Die Heimattreue von Katzen ist berühmt und wird immer dann zitiert, wenn ein Tier endlose Strecken zurücklegt, um wieder nach Hause zu gelangen. Noch bis vor 30 Jahren war es undenkbar, mit einer Katze umzuziehen oder sie mit in den Urlaub zu nehmen. Heute ist beides möglich geworden, da die Tiere eine viel stärkere Zuwendung erhalten und nicht mehr – wie bis in die 50er Jahre – neben, sondern mit dem Menschen leben. Damit verlagert sich der Angelpunkt ihres Daseins weg vom Heim hin zum Menschen.

Verloren hat die Katze ihre Ortstreue deshalb nicht. Überall da, wo eine einzieht oder zuläuft, baut sie sich in wenigen Tagen eine eigene Welt auf. Und sie schafft sich einen Tagesrhythmus, aus dem sie sich nur schwer herausbringen läßt.

Der Katzenalltag setzt sich zusammen aus Schlafen, Fressen, Körperpflege, Jagd und sozialen Kontakten, unterbrochen von Inspektions- und Mußezeiten. Welche dieser Aktivitäten im Vordergrund steht, hängt von der Jahreszeit, der körperlichen Konstitution und den äußerlichen Bedingungen ab. Bei freilebenden Tieren bestimmen Tages- und Jahresablauf sowie die Sexualhormone den Biorhythmus. Die Familienkatze dagegen stellt sich bald auf die Lebensweise ihrer Menschen ein. Sie verlegt die Spiel (= Jagd)- und Kontaktphasen auf die Stunden, in denen der Mensch anwesend ist, und überbrückt seine Abwesenheit mit Schlaf- und Mußestunden. Das Zuhause ist in Schlaf-, Futter-, Putz- und Toilettenplätze aufgeteilt, die miteinander durch Trampelpfade verbunden sind. Wenn mehrere Artgenossen unter einem Dach laben, hat jeder seine eigenen Spezialplätze, die er energisch gegen Eindringlinge (auch gegen die Lebensgefährten) verteidigt.

## Der Langschläfer

Zeitlich gesehen kommt den Schlafplätzen die größte Bedeutung zu. Mit 14 bis 18, sogar 20 Stunden Schlaf pro Tag sind Katzen die absoluten Langschläfer unter den Säugern. Sie verteilen die Schlafzeiten auf den gesamten Tag, unterbrechen also ihre Aktivitäten immer wieder. Der echte Tiefschlaf, die sogenannte REM-Phase (**r**apid **e**ye **m**ovement = schnelle Augenbewegung, die man bei Tier und Mensch während des Schlafs unter den geschlossenen Lidern registrieren kann), dauert dabei lediglich 6 bis 7 Minuten während nur weniger Schlafphasen. In dieser Zeit träumen die Katzen, was man am Zucken der Gliedmaßen leicht erkennen kann. Trotzdem ist der Körper total entspannt, und das Tier läßt sich nur schwer wecken. Reißt man sie aus dem Tiefschlaf, braucht jede Katze eine kurze Weile, um sich zurechtzufinden. Sie kann dann auch reflexartig mit Beißen, Kratzen oder Fauchen reagieren.

Die kleinen Nickerchen, die zwischen 10 und 30 Minuten dauern, sind eigentlich ein Dösen und Ruhen mit Leicht-, bzw. Halbschlafphasen. Dabei schalten die Sinne nur auf Sparflamme – jeder Schlüsselreiz (das ist ein Eindruck, der entweder Lustgewinn nach sich zieht oder Schmerz auslöst) wie Dosenöffnen, Türenschlagen oder Hundegebell weckt die Katze sofort auf. In der ausgiebigsten Schlafzeit wechseln sich Leicht- und Tiefschlaf ab. In Zwischenstadien stehen die Tiere sogar auf und drehen sich einige Male um sich selbst, bevor sie sich wieder niederlegen, ähnlich wie wir Menschen uns im Schlaf drehen.
Katzen haben immer mehrere Schlafplätze. Nach Möglichkeiten wählen sie alle über dem Boden, in einer warmen, geschützten, höhlenähnlichen Ecke, die ihnen hinten Deckung bietet und nach vorne einen guten Überblick gewährt.
Nur Jungtiere oder total erschöpfte Tiere lassen sich mit einem Plumps ins Bett fallen. Meistens geht dem Hinlegen ein minutenlanger Vorbereitungsprozeß voran: flüchtiges Putzen, Kurzinspektion der Umgebung, Beschnuppern des Schlafplatzes, Probeliegen in verschiedenen Positionen und schließlich das erste Gähnen, dem dann eine Etappe des Dösens folgt. Dabei wechselt die Katze noch mehrmals die Stellung, bis sie endlich so bequem liegt, daß sie einschläft.
Das normale Aufwachen nimmt wieder einige Zeit in Anspruch. Die Muskeln wollen gelockert werden, ausgiebiges Gähnen versorgt den Kreislauf mit mehr Sauerstoff und weckt dadurch die Lebensgeister. Nach einem leichten Kopfschütteln beim Aufsetzen stellt die Katze sich auf die Zehenspitzen aller vier Füße und krümmt das Rückgrat zu einem Buckel. Anschließend streckt sie die Vorderpfoten weit nach vorn und drückt dabei den Rücken durch. Schließlich dehnt sie einzeln jedes Hinterbein, schüttelt sich noch einmal kurz und ist endlich fit.
Vom Schlafplatz aus führt meist ein direkter Weg zum Futter-, ein anderer zum Toilettenplatz. Weitere Pfade legt der Vierbeiner zu diversen Aussichtsposten, bei Freilauf auch zum Jagdgelände an.

## Besitzansprüche

Unsichtbar für uns Menschen, aber riechbar für die Katze und ihre Artgenossen werden die Revierpfade und ihre Eckpunkte markiert. Dieses deutliche Anzeigen der Besitzansprüche und des Wegerechts führen die Tiere auf verschiedene Weise durch.

*Diese Katze markiert ihre Reviergrenzen durch Reiben mit den Backen*

Die schwächste Demonstration ist das einfache Laufen, bei dem über die Pfotenballen ein Duftsekret abgegeben wird. Stärkeren Eigengeruch ruft das Reiben mit Stirn und Backen hervor. Auch hier sitzen Duftdrüsen, die einen Geruchsfilm über den jeweiligen Gegenstand legen. Noch eindeutigere Besitzansprüche meldet das Kratzen an. Mit jedem Krallenwetzen drücken die Ballen starke Geruchselemente auf Teppich, Kratzbaum oder Tapete.
Über Köpfchenreiben oder Krallenwetzen markiert so jede Katze ihr gesamtes Zuhause mehrmals täglich – unabhängig davon, ob sie sich das Heim mit anderen teilt oder nicht. Jede Verunsicherung, Streß oder eine neue Situation veranlassen sie zu verstärktem Markieren – bis hin zum letzten, glücklicherweise selten genutzten Mittel: dem Absetzen von Urin.
Dieses Spritzen ist eigentlich dem potenten Kater vorbehalten, der systematisch seine Reviergrenzen benetzt, um Rivalen zu beeindrucken und Bräute anzulocken. Hochrollige Kätzinnen, deren Ruf nach Freiern ungehört verhallt, markieren ebenfalls manchmal mit mit Lockstoffen durchsetztem Urin. Jeder kennt diesen penetranten Geruch aus den Raubkatzenhäusern der Zoos.
Weil dieses Markieren mit Urin aber vor allem im Sexualleben eine Rolle spielt, tritt es bei der (kastrierten) Familienkatze nur in Ausnahmesituationen auf (s. S. 103). Sie begnügt sich normalerweise während einer Tour durch ihr Zuhause mit Köpfchengeben und kräftigem Krallenwetzen.

## Die Katzenwäsche

Neben den Rast- und Ruhestellen kommt den Putzplätzen eine große Bedeutung zu. Insgesamt 2 Stunden täglich verbringt eine Katze mit der Körperpflege. Zusätzlich zur gründlichen Vollwäsche beschäftigt sie sich noch 10- bis 20mal pro Tag einige Minuten flüchtig mit Fell und Haut – das ist die vielzitierte Katzenwäsche.
Dieses „Staubwischen" mit der Zunge hat nicht nur kosmetische Gründe, sondern die Tiere befeuchten das Fell, wenn ihnen zu heiß wird – die Verdunstung des Speichels kühlt die Haut. Weil sie dabei viel körpereigene Flüssigkeit verlieren, trinken sie mehr. Umgekehrt stellen sie bei Durst das Putzen ein. Deshalb sollte man immer darauf achten, daß genügend Wasser zur Verfügung steht. Die Katzenwäsche ist auch in Konfliktsituationen und bei Streß oder Angst wichtig. Jeder Mensch kennt das

*Die berühmte Katzenwäsche dient nicht nur der Fellpflege, sondern stellt auch ein Abreagieren in Streßsituationen dar*

Gefühl der aufsteigenden Hitze bei Ärger oder Verlegenheit. Man wird dann rot und gibt dadurch das Zuviel an Temperatur nach außen ab. Die Katze gleicht ihre „fieberhafte" Erregung durch hektisches Benetzen des Fells aus.
Schließlich gehört das Putzen auch zu den Beschwichtigungsgesten im Repertoire der Körpersprache. Das Muttertier bekundet damit seine Zuneigung; in einer Kolonie putzen sich die Mitglieder gegenseitig, um ausbrechenden Streit im Keim zu ersticken. Gut zu beobachten ist dieses Friedensangebot bei zwei miteinander lebenden Katzen. Wollen beide sich auf dem gleichen Platz niederlassen, starren sie sich kurz an. Nach einem spannungsgeladenen Augenblick senkt eine der beiden den Kopf, die andere fährt mit der Zunge darüber, und es herrscht wieder Harmonie.
Hauptzweck der Katzenwäsche bleibt jedoch die Körperpflege. Eingesetzt werden dabei Zunge, Zähne, Pfoten und Krallen. Auf der sehr breiten und kurzen Katzenzunge sorgen kräftige Hornpapillen für eine so rauhe Oberfläche, daß die Katze damit sogar Knochen abraspeln kann. Deshalb schmerzt ihr liebevolles Putzen unsere menschliche Haut. Im dichten Fell nehmen die Hornpapillen beim Darüberstreifen Staub, Fremdkörper, abgebrochene Haare, Hautschuppen und überflüssiges Sekret auf. Festsitzende Schmutzklumpen oder Ungeziefer packt das Tier mit den winzigen Flohzähnchen und knabbert sie aus dem Pelz. Jeder Körperteil wird gründlich mit der Zunge bearbeitet. Nur den Kopf kann die Katze nicht ohne „Hilfswerkzeug" waschen. Sie feuchtet deshalb ihre Vorderpfote an und fährt sich damit übers Gesicht. Fünf- bis zehnmal pro Waschvorgang. Hartnäckige Verklebungen versucht sie mit den Krallen der Hinterbeine zu entfernen.
Katzen können sich in jeder Position waschen und sogar in der Bewegung.

## Auf Beutefang

Eine weitere tägliche Beschäftigung ist das Jagen, das sich nicht auf eine bestimmte Tageszeit festlegen läßt – Katzen sind nämlich eigentlich immer auf dem Sprung. Das endlose Sitzen vor einem Mäuseloch gehört genauso zum Jagdrepertoire wie das müßige Schlendern durch das Zuhause. Sogar aus dem Halbschlaf weckt das Summen einer Fliege sofort alle Sinne.
Der Fangtrieb siegt dabei über alle anderen Instinkte, sogar über den Hunger. Denn eine hungrige Katze, die gerade eine Maus erwischt hat, läßt diese fallen, wenn sie eine weitere Beute sichtet. Alle Katzen jagen mit zwei verschiedenen Methoden: der Ansitzjagd und der Pirsch. Das Ansitzen erfolgt immer in bekannt ergiebigen Jagdgründen. Freilaufende Tiere haben ihre Spezialmäusewiesen und dort wiederum ihr eigenes Mauseloch. Auf frisch gemähten Feldern im Herbst kann man in den Dämmerungsstunden manchmal zehn und mehr Katzen beobachten, die alle wie angewurzelt sitzen, ohne einer der anderen einen Blick zu gönnen, und stundenlang auf den Höhleneingang star-

ren, bis eine unvorsichtige Maus sich herauswagt. Jetzt wartet die Katze, bis das Mäuschen sich so weit vom Loch entfernt hat, daß ein Rückzug nicht mehr möglich ist. Dann schlägt sie zu: mit einer Pfote, alle Krallen ausgefahren. Die Pfote bleibt so lange auf der Beute, bis die Jägerin diese mit den Zähnen gepackt hat.
Alle Hauskatzen setzen vor dem Biß immer zuerst die Pfote ein. Und sie springen immer vor ihre Beute, niemals auf sie, wie das zum Beispiel Löwen tun. Die Landung unmittelbar vor dem Opfer praktizieren sie auch auf der Pirsch. Dabei durchstreifen sie ihr Revier, alle Sinne gespannt. Jeder Schlüsselreiz, wie das Piepsen einer Maus, eine außergewöhnliche Bewegung der Grashalme oder sogar die Silhouette eines gewohnten Beuteschemas, läßt sie sofort in Lauerstellung übergehen: Sie ducken sich, strecken den Körper, der Schwanz geht in die Waagrechte, alle Beine sind angewinkelt. Mit eingezogenen Krallen läuft die Jägerin jetzt im Zeitlupentempo in Richtung „gefundenes Fressen". Zwischendurch bleibt sie stehen, um sich erneut auf Richtung, Entfernung und Tempo des Beutetieres zu konzentrieren. Immer näher schleicht sie sich an ihr Opfer heran, sucht einen günstigen Absprungplatz. Zum Beutesprung hockt sie sich noch tiefer und schiebt ganz langsam die Hinterbeine zurück. Die Schnurrhaare fächern sich weit nach vorn, die Ohrenspitzen sind auf das Objekt gerichtet, die Hinterbeine tasten sich in die bestmögliche Absprungposition. Dann – schon im Sprung – streckt

*Das Beutetier wird genau anvisiert – dann springt die Jägerin los*

sie die Vorderpfoten nach vorn und fährt die Krallen aus. Nur Sekundenbruchteile nach der Landung schlägt sie zu. Was die Forscher immer noch vor ein Rätsel stellt, ist das Spielen mit der lebendigen Beute. Die plausibelste Erklärung dafür ist die, daß die angestaute Erregung abreagiert wird, ebenso wie es bei der wilden Flucht geschieht, die spielende Katzen urplötzlich von ihrem Spielobjekt wegfegen läßt.
Dem Verfolgen eines fliehenden Tieres kommt bei der Jagd die geringste Bedeutung zu. Zwar galoppiert die Katze eine kurze Strecke hinterher, wie etwa auch bei einem Fehlsprung, und setzt dabei wieder zum Beutesprung an. Doch sie folgt einer Beute niemals über längere Strecken hinweg, sondern wendet sich dann sogar betont desinteressiert ab und löst die eigene Spannung

*Beute aus der Luft zu erwischen gelingt Katzen nur äußerst selten*

durch eine Übersprungsreaktion (zum Beispiel durch Putzen). Beute in der Luft – vor allem Insekten, aber auch Vögel – versuchen Katzen mit beiden Pfoten zu greifen, niederzureißen und dann wiederum mit der Fangpfote zu halten. Doch während sie beim Jagen auf dem Boden in einem von vier Versuchen Erfolg haben, glückt beim Luftsprung nur einer von 25. Die Hauptbeute bleiben kleine Nagetiere und große Insekten, die meist beim Laufen gehascht werden.

Das Spiel ersetzt der Katze die Jagd vollständig. Sie vermißt dabei auch Töten nicht. Wichtig sind für sie die Schlüsselreize, die das Jagdfieber hervorrufen. Darauf hat sich die Spielzeugindustrie mit ihren Produkten eingestellt: Es gibt Plüschtierchen in Gestalt einer Maus, mechanische Krabbler und an Fäden aufgehängte Bällchen, die durch Luftzug in Bewegung geraten, sowie durchlöcherte Kästen, in denen ein Plüschwürfel die Maus ersetzt. Alle sind in den Augen der Katze ausreichender Ersatz für das echte kleine Beutetier. Auch das Spielzeug tragen die erfolgreichen Jäger – wie die richtige Beute – dann in ein Versteck, oder sie bringen es ihrem Menschen, was man immer als Kompliment verstehen sollte.

# Die Kommunikation

Der ursprüngliche Einzelgänger Katze hat einen Teil seines abweisenden Verhaltens Artgenossen gegenüber beibehalten. So läuft die Verständigung zwischen mehreren Tieren zum weitaus größten Teil über Geruchselemente. Wer selbstbewußt ist, markiert seine Sitz- und Freßplätze, zeigt den anderen, wo seine Trampelpfade und die Reviergrenzen liegen, besetzt Jagd- und Schlafregionen und übertüncht eiskalt die Duftmarken mutiger Eindringlinge. Auch in Wohnungen, in denen mehr als eine Katze lebt, pflegt jede ihre Eckchen auf diese Weise zu markieren und respektiert die der anderen.

Die Kommunikation zwischen zwei Artgenossen, etwa bei Zufallsbegegnungen, aber ebenso bei provozierten Auseinandersetzungen, spielt sich in einer Kombination von Körper- und Lautsprache ab. Beide sind allen Katzen auch auf eine größere Distanz hin verständlich.

Da ist einmal das beabsichtigte Ignorieren, ein Aneinandervorbeischlendern in mindestens meterweiter Entfernung. Dabei schauen beide Tiere bewußt geradeaus, würdigen sich gegenseitig also keines Blickes. Je eine Ohrmuschel ist auf den „Kontrahenten", die andere nach vorn gerichtet. Dieses Verhalten beugt einer kämpferischen Auseinandersetzung vor und wird immer dann eingesetzt, wenn zwei Revierinhaber, die sich ein Territorium teilen, einander zufällig in die Quere kommen, oder auch, wenn eine Katze beim Schlendern unvorhergesehenerweise auf eine in Sitz- oder Liegeposition stößt.

Wirkliche Konfrontationen finden selten statt. Und wenn doch, versuchen beide Gegner, den Zweikampf ohne Verletzungen zu entscheiden. Jeder vergrößert die eigene Körperoberfläche durch Buckeln, Haaresträuben, Aufplustern des Schwanzes und Sich-auf-die-Zehenspitzen-Stellen. Die Ohren, empfindlich gegen Tatzenhiebe, werden flach an den

*Halbgeschlossene Augen und eine erhobene Pfote – gleich geht der Kampf los*

Kopf angepreßt, die Augen zum Schutz halb geschlossen. Beide Gegner verlagern ihr Körpergewicht auf drei Beine, um eine Pfote für den Kampf frei zu haben. Und beide legen den Kopf leicht in den Nacken. Letztes Drohinstrument ist die Stimme, die sich von einem zischenden Fauchen zu einem durchdringenden Knurrgeheul steigern läßt. Minutenlang können sich zwei Feinde so gegenüberstehen, bevor sich die Spannung entlädt: in einem blitzschnellen Angriff mit ausgefahrenen Krallen auf den Kopf, dem ein Gegenangriff folgt. Instinktiv wirft sich der Schwächere auf die Seite, um alle vier krallenbewehrten Pfoten für die Verteidigung frei zu haben, der Angreifer stürzt sich in diese Stachelabwehr, und erst jetzt setzen beide auch die Zähne ein. Die eigentliche Kampfhandlung ist dann sehr kurz und heftig. Nach wenigen Sekunden springen beide auseinander. Der Schwächere flieht (und wird dabei vom Gegner nicht verfolgt), oder das Drohen beginnt erneut. Doch solche Kämpfe passieren zum Glück selten. Nur potente Kater geraten sich in Brunstzeiten so heftig in die Wolle, daß es zu Verletzungen kommen kann.

Viel häufiger bleibt es bei Gesten und „Worten“ ohne körperlichen Kontakt. Es können sich sogar Freundschaften entwickeln, indem sich immer mehr abgeschwächte Abwehrsignale allmählich zu freundlichen Gesten wandeln.

„Komm mir nicht zu nahe“ zeigt eine Katze durch offenes Anstarren der anderen an. Ganz leises Fauchen kann diese Miene unterstützen, wobei die vier Fangzähne als Drohsignal dienen.

Die Botschaft „Tu mir nichts, ich bin friedfertig“ bekräftigt das Tier, indem es mit den Augen zwinkert. Damit bekundet es im voraus Vertrauen, denn geschlossene Augen machen eine Katze ja wehrlos. Deutliches Blinzeln ist deshalb ein Freundschaftsangebot, oder es soll ein aufgebrachtes Gegenüber beruhigen. Oft folgt ihm eine flüchtige Putzgeste, und damit ist der erste Körperkontakt hergestellt. Man beschnuppert sich ausgiebig und reibt die Backen aneinander, drückt sich gegenseitig den Eigengeruch auf.

Zwei befreundete Katzen begrüßen einander mit Lauten und durch Gesten: Mit senkrechtgestelltem Schwanz (der stets gute Laune signalisiert), aufgerichteten Ohren und einem kurzen Begrüßungsgurren reiben sie ganz kurz ihre Körper aneinander.

Die Körpersprache wendet die Katze auch bei anderen Tieren – hier setzt sie meist das Angriffs- und Verteidigungsrepertoire ein – sowie bei Menschen an. In dieser Beziehung überwiegen die freundschaftlichen Gesten und eine eigene Lautsprache, die sie im Zusammenleben mit den Menschen entwickelt hat und nun ihnen gegenüber gebraucht.

# Die Katze in der Familie

# Paßt eine Katze zu Ihnen?

Es gibt nur wenige Haushalte, in die eine Katze sich nicht integrieren ließe. Ihre Halter sind in allen Bevölkerungsgruppen und -schichten zu finden – unabhängig von Alter und Einkommen, bei Singles und in Mehrpersonenhaushalten. Wo es turbulent zugeht, paßt sich die geborene Spielerin ebenso an wie da, wo ein Mensch lieber ruhig und beschaulich lebt.

Es lassen sich auch nur wenig Gründe finden, die gegen ein Kätzchen als Mitbewohner sprechen. Einer davon ist die menschliche Gesundheit. Der Speichel dieser Tiere enthält mögliche Allergieauslöser, und wer zu Überreaktionen auf Allergene neigt, sollte sich vor dem Kauf testen lassen. Das erspart Mensch und Tier späteres Leid.

Ein weiteres Argument können Ferien sein. Katzen verkraften zwar den Urlaub ihrer Besitzer viel besser als die meisten anderen Haustiere, doch wenn Sie viele und lange Tropenreisen unternehmen wollen, sollten Sie am besten überhaupt auf ein Heimtier verzichten.

Schließlich gilt es noch zu bedenken, daß dank der medizinischen Fortschritte die Lebenserwartung unserer Hauskatzen weiter steigt: Durchschnittlich 15 Jahre werden Sie mit Ihrer Gefährtin verbringen, etwa ein Fünftel Ihres eigenen Lebens also. Daher ist es sinnvoll, sich zuerst zu überlegen, ob sich das Halten einer Katze mit den eigenen Zukunftsplänen vereinbaren läßt. Ungefähr ein Fünftel aller Katzenbesitzer ist laut einer Untersuchung der Bonner Universität unfreiwillig zu einem Haustier gekommen: Es war ein Geschenk, ein Findling oder ist zugelaufen. Da gilt es zu prüfen, ob man dem Vierbeiner wirklich ein richtiges Zuhause schenken will. Doch es hat sich gezeigt, daß solche „zufälligen" Katzen es nicht unbedingt schlechter haben als die sorgfältig eingeplanten.

Bliebe als letztes mögliches Gegenargument nur noch der finanzielle Aufwand zu erwähnen. Zwar gehören Katzen zu den „preiswertesten" Heimtieren, doch wer sie gesund halten und ihnen optimales Futter sowie beste Pflege bieten will, wird dafür im Monat durchschnittlich 150,– DM aufwenden müssen. Denken Sie auch daran, daß Sie nie sicher sein können, ob nicht ein Unfall oder eine Krankheit plötzlich mehr Kosten verursacht. Für solche Fälle bieten einige Versicherungsgesellschaften inzwischen eine Krankenversicherung an. Lesen Sie aber vor dem Abschluß die Versicherungsbedingungen durch.

Es gibt sowohl Verträge, die Impfungen und Kastration miteinbeziehen, dafür aber etwas teurer sind, als auch die preisgünstigere Version, die nur die tierärztliche Behandlung bei einer Krankheit oder nach einem Unfall, nicht aber die Vorsorge abdeckt.

Auch der Abschluß einer Lebensversicherung für Ihr Tier ist mittlerweile möglich geworden. Bei dessen Tod, den Sie natürlich nicht fahrlässig verursacht haben dürfen, erhalten Sie dann eine bestimmte Summe. Hier ist es ebenfalls ratsam, zuerst alle Klauseln sorgfältig zu prüfen.

Wer sich nun nach reiflichem Überlegen eine Katze anschaffen will, hat die Wahl zwischen den beiden Geschlechtern sowie zwischen verschiedenen Rassen und Altersgruppen.

# Kater oder Kätzin?

Diese Frage muß wohl jeder künftige Katzenbesitzer für sich selbst beantworten. Als Hilfestellung seien einige Merkmale geschildert, die beide Geschlechter voneinander unterscheiden.

Kaum jemand wird einen potenten Kater auf Dauer in der Wohnung halten können – dazu ist der Markierungsgeruch zu stark. Das Triebleben steht im Vordergrund, deshalb sind Kater nicht sehr häuslich. Sie streunen gerne und viel und gehen auch keiner Rauferei aus dem Weg. Wer sich also für ein männliches Tier entscheidet, sollte am besten gleich einen Kastraten wählen oder sich bald zur Kastration entschließen. Sie ist ein leichter, schneller und preisgünstiger Eingriff.

Kastrierte Kater gehören zu den größten Schmusern, sie gelten als anhänglicher als die Weibchen, verlieren zwar ihre Rauflust, nicht aber die Jagd- bzw. Spielbegeisterung. Meistens sind sie etwas größer und schmaler als das weibliche Gegenstück. Ihre Liebesbeziehungen gegenüber uns Menschen fallen stürmisch aus, manchmal auch etwas derb. Kastrierte Kater vertragen sich untereinander hervorragend, sie spielen Weibchen gegenüber den Kavalier, und Züchter schwärmen von ihnen als den besten Sittern und Lehrern kleiner Kätzchen. Weil jetzt der Sexual- und damit auch der Wandertrieb fehlt, neigen alleingehaltene Kater manchmal zu Freßgier und damit zu Übergewicht. Ohne Anregungen durch den Menschen sind sie auch fauler als die agilen Weibchen. Diese erweisen sich dafür von Anfang an als häuslicher als die Männchen und entfernen sich nicht so weit vom Heim. Wer sie nicht kastrieren läßt, muß nach

*Haben kastrierte Kater keinen Spielgefährten, so neigen sie leicht zu Freßsucht*

der Geschlechtsreife drei- bis viermal im Jahr mit „heißen“ Zeiten rechnen. Die rollige Hauskatze zeigt dann Nervosität, ruft laut und durchdringend nach Freiern und kann in der Aufnahmephase sogar mit Urin markieren. Potente Kater im gesamten Umkreis werden das Heim belagern und sich vor Ihrer Haustür erbitterte, lautstarke Kämpfe liefern. Eine Freilaufkatze nimmt so gut wie bei jeder Rolligkeit auf. Das bedeutet für Sie: Kindersegen und gleich darauf erneute Rolligkeit.

Die Kastration bei der Kätzin ist kein ganz so einfacher und preiswerter Eingriff wie beim Kater, aber inzwischen doch eine Routineoperation. Kastrierte Weibchen verändern ihr Wesen kaum – lediglich Rolligkeit und Mutterschaft entfallen. Die Häuslichkeit bleibt, ebenso das anhängliche Wesen. Man sagt diesen Kätzinnen mehr Launen nach als den Katern. Sie sind auch erfinderischer im Spielen, schneller beim Lernen und intelligenter, allerdings wählerisch in ihren Gunstbezeugungen. Anderen Haustieren gegenüber neigen sie zu Tyrannei. Kastrierte Kater versklaven sie sogar oft, und zwischen Geschlechtsgenossinnen entwickelt sich bald eine Art Hierarchie mit immer wieder aufflackernden kleinen Gefechten. Im Gegensatz zum Kater behält die Kätzin auch nach der Kastration ihre Lebhaftigkeit bis ins hohe Alter, sie wird seltener rundlich.

Diese Geschlechtsunterschiede sind allerdings nicht wirklich gravierend und keinesfalls allgemeingültig. Schließlich hängen Wesen, Temperament und Anhänglichkeit viel mehr vom jeweiligen Zuhause ab.

# Junge oder erwachsene Katze?

Ein Katzenbaby weckt durch seine rührende Hilflosigkeit in jedem Menschen den Beschützerinstinkt. Kein Wunder, daß sich die Mehrzahl der Katzenfreunde für so einen Winzling entscheidet. Vor allem wenn Kinder im Haus sind, sollte man ein Jungtier wählen, weil beide voneinander lernen, miteinander älter werden und die Kommunikation zwischen Menschen- und Tierkind eine tiefe Bindung schafft.

Die stürmischen Kleinen bringen aber auch Unruhe mit ins Heim. Sie sind noch tollpatschig, riskieren Kopf und Kragen bei ihren waghalsigen Sprüngen. Zwischendurch „vergessen“ sie auch mal ihre Sauberkeit. Sie geraten ganz bestimmt in die verschiedensten Klemmen, was nicht immer ohne Scherben bzw. ohne Blessuren abgeht. Nie kann man sie längere Zeit ohne Aufsicht lassen – zu groß ist die Gefahr, daß sie sich irgendwo verletzen. Wo Katzenkinder leben, muß die Wohnung daher auch unbedingt doppelt gesichert werden.

*Zwischen Menschen- und Katzenkindern entsteht schnell eine intensive Beziehung, die der Entwicklung beider Teile sehr förderlich ist*

*Junge Katzen gewöhnen sich vollkommen problemlos an alle menschlichen und tierischen Mitbewohner im neuen Zuhause*

Ihre Aufgabe als Besitzer ist es nun, für die Erstimpfungen, die Grundentwurmung und die Kastration zu sorgen. Dafür können Sie Ihr Kleines ganz nach Ihren Wünschen formen und prägen. Denn es kommt ja in einem Alter zu Ihnen, in dem es lernwillig, neugierig und aufnahmebereit ist. Keine schlechten Erfahrungen haben ihm Angst zum Beispiel vor anderen Tieren gemacht. Es ist gerade dran, seine Welt zu erobern, und Sie können ihm dabei nach Kräften helfen. Völlig problemlos gewöhnt es sich an alle anderen menschlichen und tierischen Mitbewohner. Wenn Sie genug Zeit haben, sich dem kleinen Wesen zu widmen, und dafür auch einigen Wirbel in Kauf nehmen, sollten Sie sich das Vergnügen, ein Katzenbaby aufzuziehen, und den Zauber, der von ihm ausgeht, ruhig gönnen.

Ein älteres Tier hat ebenfalls seine Vorteile: Es ist nicht mehr so stürmisch und schont deshalb Ihre Nerven und die Wohnungseinrichtung. Sie werden keinerlei Probleme mit Unarten oder mangelnder Stubenreinheit haben. Je älter die Neue ist, desto ruhiger wird sie sich einpassen. Sie wird bereits kastriert, selbstverständlich geimpft und entwurmt sein, und sie ist auch – weil sie schon ihre Erfahrungen gesammelt

hat – weit weniger unfallgefährdet. Das bewahrt Sie mit ziemlicher Sicherheit vor täglichen unliebsamen Überraschungen. Andererseits kann sie natürlich ihre Macken haben, denn schließlich besitzt sie eine Vergangenheit. Es wird schwer sein, sie an fremde Haustiere zu gewöhnen, es wird länger dauern, bis sie ihren Lebensrhythmus auf Sie eingestellt hat. Aber Sie wissen sofort, woran Sie sind: Wenn Ihre Neue ein scheues Tier ist, wird sich das nur unwesentlich ändern. Erweist sie sich dagegen als echte Schoßkatze, dann bleibt sie das auch. Mit einem Wort: Ihre Vorzüge und Untugenden kennen Sie nach wenigen Tagen. Ab dann wissen Sie immer, woran Sie mit Ihrer Katze sind.

# Haus- oder Rassekatze?

Ob Sie sich für eine Zuchtkatze oder für ein Feld-Wald-und-Wiesen-Exemplar entscheiden, ist nicht allein eine Kosten- und Geschmacksfrage. Denn die Edelkatzen unterscheiden sich nicht nur im Anschaffungspreis und im Aussehen von ihren „gewöhnlichen" Schwestern, sondern auch im Wesen. Weil ihre Eltern sorgfältig ausgewählt und alle Vorfahren unter Menschenobhut aufgezogen wurden, sind die Stammbaumträger meistens sehr viel menschenbezogener als die Mischlinge. Sie lassen sich ohne Probleme in der Wohnung halten, vertragen sich untereinander sehr gut, und ihre Charaktereigenschaften sind ziemlich genau vorauszusagen. Jeder Rasse wurden schließlich mit dem Aussehen auch ganz bestimmte Eigenschaften angezüchtet (siehe Rassenüberblick ab Seite 123). Unter den Rassekatzen können Sie also ein Traumtier finden, das exakt Ihren Wünschen entspricht, während bei den Hauskatzen Fellfarbe und Temperament vom Zufall abhängen. Andererseits sind die Edlen krankheitsanfälliger, und es gibt auch rassebedingte Schwachpunkte wie die Neigung zu Taubheit (bei einigen weißen mit blauen Augen), zu tränenden Augen (bei Persern) und zu Hüftdysplasie (Hüftfehl- oder -unterentwicklung; bei Siamesen). Und schließlich sollten Sie auch an die Pflege denken. Gerade die Langhaarkatzen brauchen tägliche Kosmetikstunden, ohne die das Fell verfilzt, was dann zu Hauterkrankungen führen kann. Doch gilt für die Rasse- wie für die Hauskatze: Je sorgfältiger Sie vor der Anschaffung das Umfeld Ihrer Neuen prüfen, desto eher sichern Sie sich gegen unliebsame Überraschungen.

# Eine oder mehrere?

Der Trend zur Zweitkatze hat seinen guten Grund: Immer mehr Menschen in Großstädten halten sich Stubentiger ohne Auslauf nach draußen. Deren Erlebnismöglichkeiten und Kontakte sind also nur auf die eigenen vier Wände beschränkt. Wenn dann die ganze Familie berufstätig ist, führt eine Einzelkatze tatsächlich ein zu eintöniges Dasein. Zwei hingegen vermissen die Außenwelt und auch ihre Menschen nicht so sehr. Sie spielen häufiger und schlafen auch weniger als Einzeltiere. Durch mehr Bewegung bleiben sie schlank und deshalb gesünder. Dafür müssen wir Menschen zwar auf einen Teil ihrer Zuwendung verzichten, doch sollte es für jeden, der wenig Zeit für sein Haustier hat und trotzdem eine Katze in der Wohnung haben möchte, selbstverständlich sein, sich von vornherein für zwei Tiere zu entscheiden. Wobei es sehr viel einfacher ist, beide gleichzeitig aufzunehmen, denn sonst hat nämlich die Erstkatze schon Heimvorteil und Revieransprüche, und die Nr. 2 muß sich in den ersten Tagen einiges gefallen lassen.

Wer hingegen viel zu Hause ist und nach einer Katze als Gefährtin für einsame Stunden, als Trostspenderin oder als Ruhepol in einem unruhigen Leben sucht, ist wiederum mit nur einem Stubentiger besser beraten. Der hat nämlich immer für ihn Zeit.

# Wohnungs- oder Freilaufkatze?

Es gibt noch keine wissenschaftlich fundierten Aussagen darüber, ob die Haltung in einer Wohnung katzengerecht ist. Doch wer mitten in der Großstadt in einem Hochhaus wohnt, hat keine andere Wahl. Andererseits sprechen aber auch diverse Gründe dafür, den Auslauf einer Vorstadt- oder Landkatze auf Wohnung oder Haus zu beschränken. Da ist einmal die Gefahr der tödlichen Seuchen, die – jedenfalls zur Zeit – noch nicht generell durch Impfungen ausgeschlossen werden kann. Da ist zum anderen die Tatsache, daß freilaufende Katzen im Durchschnitt weniger lang leben, weil ein Großteil von ihnen dem Verkehr zum Opfer fällt. Und da spielt schließlich noch der menschliche Tagesrhythmus eine Rolle, denn Berufstätige, die ganztägig außer Haus sind, müssen ihren kleinen Gefährten entweder morgens für viele Stunden aussperren oder ihm von vornherein den Freilauf versagen. Die praktischen Katzentürchen stellen in diesem Fall keine Patentlösung dar, denn sie öffnen sich nicht nur dem eigenen Tier, sondern auch meist unwillkommenen Gästen.

*Aufpassen bei Katzentüren: Sie lassen außer Ihrem Tier auch ungebetene Gäste durch*

Die Argumente der Freilaufbefürworter, daß eine geborene Jägerin die Abenteuer in Feld und Flur einfach braucht, daß sie ihre Instinkte in einer Wohnung nie ausleben kann, sind nicht von der Hand zu weisen. Auch um die Kompromißlösungen gibt es dauernd Diskussionen. Die Leine ist vielen ein Dorn im Auge, weil Katzen keine „Folgetiere" wie Hunde sind und normalerweise entweder müßig schlendern oder auf die Pirsch gehen. Katzenzwinger und -balkon werden schon eher akzeptiert. Sie ermöglichen eine Bereicherung der tierischen Sinneswelt und schenken, wenn auch wenig, so doch zumindest ein bißchen Freiheit.

Die Entscheidung, was Sie selbst Ihrem Stubentiger bieten wollen, kann Ihnen niemand abnehmen. Denken Sie aber daran: Eine Katze, die Freilauf gewöhnt war, wird sich nie oder erst nach einer längeren Leidenszeit an die eingeschränkte Freiheit gewöhnen. Genauso wie sich ältere Katzen kaum noch mit einer Leine abfinden. Ihre erste Entscheidung ist also meist eine für das ganze Katzenleben.

# Die Katze und die Gesetze

Obwohl alle Tiere inzwischen auch vor dem Gesetzgeber nicht mehr als Sache gelten und obwohl immer mehr Gerichte das grundsätzliche Verbot von reinen Wohnungskatzen im Mietvertrag für ungültig erklären, ist Ärger vor Gericht dennoch oft der Grund für Katzen- und Menschenleid. Sich vorher zu informieren und abzusichern kann also viel Aufregung und Prozeßkosten ersparen.

Das beginnt schon mit dem Mietvertrag. Auch wenn die pauschale Klausel „Haustierhaltung ist nicht erlaubt" keine Gültigkeit besitzt (Bundesgerichtshof AZ VIII ZR 10/92), können immer noch Katzen und Hunde verboten werden. Sie sollten Ihren Vermieter deshalb darüber unterrichten, daß Sie eine bzw. mehrere Katzen haben, und sicherheitshalber die Erlaubnis auch schriftlich im

Mietvertrag festhalten lassen. Bei einem Widerruf muß nämlich der Vermieter seine plötzliche Sinnesänderung begründen, und zwar mit sehr stichhaltigen Argumenten. Sie sind dann also eindeutig in einer besseren Position. Wohnen Sie schon lange in Miete und haben erst jetzt vor, sich eine Katze anzuschaffen, so steht vielleicht gar keine Tierklausel in dem alten Mietvertrag. In diesem Fall brauchen Sie auch nicht um Erlaubnis bitten, sollten allerdings vorsorglich Ihre Nachbarn informieren. Denn Ärger mit den Mitmenschen kommt leider auch bei Katzenbesitzern immer noch häufig vor. Mögliche Streitpunkte: das fremde Blumenbeet, das Ihre Katze als Toilette erwählt hat (kann nicht verboten werden, solange Sie die „ortsübliche" Zahl von Katzen ins Freie lassen, in der Regel eine oder zwei); Geruchsbelästigung im Treppenhaus sowie Lärmbelästigung durch paarungswillige Tiere (kommt bei Kastraten so gut wie nie vor); Fußspuren auf des Nachbarn frischpoliertem Auto (Katzen lieben Autodächer, weil diese sich in der Sonne so schön erwärmen; ist ebenfalls nicht zu verbieten, kann aber zu Schadensersatzansprüchen führen).

Vor allem aber scheiden sich die Geister an der Vogeljagd. Die einen behaupten, freilaufende Katzen trügen zum Aussterben der Vogelarten bei, die anderen bestreiten dies. Bis vor 10 Jahren hatten einige Bundesländer ein „nächtliches Ausgehverbot" für Katzen in der Vogelbrutzeit von Anfang Mai bis Ende Juli verfügt. Doch solche Verordnungen gibt es heute nicht mehr.

*Ihr Jagdinstinkt läßt die Katze auch jungen und schwachen Vögeln gefährlich werden*

Wissenschaftler haben auch durch Magenuntersuchungen freilebender und -laufender Katzen nachgewiesen, daß nur etwa 1 Prozent der Beute befiedert ist. Tatsache bleibt jedoch, daß Katzen sowohl jungen als auch älteren und schwachen Vögeln gefährlich werden können. Zwar wird nun gegen Sie als Katzenhalter von keiner Seite gesetzlich etwas zu unternehmen sein, wenn Ihre Jägerin eine erfolgreiche Vogelfängerin ist, doch da möglicherweise das Tier Opfer einer Haßkampagne wird, sollte es besser während der Hochsaison der Jungvögel wenigstens in den Dämmerungsstunden im Haus bleiben. Der Glaube an das vögelvertreibende Glöck-

chen am Halsband einer Katze hält sich zwar nach wie vor hartnäckig, doch abgesehen davon, daß das Dauergebimmel das empfindliche Katzenohr stört, hat auch vermutlich noch nie eine Glocke einem Vogel das Leben gerettet. Denn dieses Fluchttier fliegt schon bei geringeren Alarmzeichen weg, wenn es kann. Ein nichtflügger Jungvogel sowie ein geschwächtes oder krankes Tier vermag sich aber so oder so den Krallen nicht zu entziehen. Wer in einer Gegend wohnt, die reich an Singvögeln ist, und jedes Risiko ausschließen will, sollte seinen Garten sichern (s. S. 69) und erspart sich so jeden Ärger.

In Siedlungen, in denen in jedem Haushalt eine Katze lebt, wird manchmal versucht, den Freilauf zu untersagen, weil sich einige Gartenbesitzer durch die vielen Besucherkatzen belästigt fühlen. Wohl haben Gerichte häufiger die Anzahl der in einem Haushalt erlaubten Katzen beschränkt, bis jetzt aber noch nicht die in einer Siedlung. Allerdings kann ein Richter in Extremfällen „Ausgehzeiten" festlegen, das heißt, daß immer nur eine bestimmte Anzahl von Tieren gleichzeitig frei herumlaufen darf.

Ein Dauerproblem für die Besitzer freilaufender Vierbeiner können Jäger werden. Ihnen erlaubt das Jagdgesetz, jede Katze, die sich 200 bis 300 m (je nach Bundesland unterschiedlich) außerhalb einer geschlossenen Ortschaft aufhält, als Jagdschädling zu schießen. Bei allein 1992 in Nordrhein-Westfalen 20 000 erlegten Katzen sollten Sie dieses Gesetz nicht auf die leichte Schulter nehmen, wenn Sie am Waldrand wohnen. Auch dann nicht, wenn es dort längst keine Rebhühner oder Feldhasen mehr gibt. Denn im Wald hat der Pächter als der Geschädigte – aber auch nur er – von Gesetzes wegen das Recht der Selbstjustiz. Außerdem kann er Sie als den Eigentümer des Tieres, das Unheil angerichtet hat, auf Schadensersatz verklagen. Läßt sich nachweisen, daß tatsächlich Ihre Katze für den Schaden verantwortlich ist, springt – so vorhanden – Ihre private Haftpflichtversicherung ein. Sie ist für jeden Katzenbesitzer ratsam, denn eine eigene Katzenversicherung gibt es (noch) nicht.

Umgekehrt können Sie aber den belangen, der Ihren Vierbeiner schädigt. Dabei „berechnen" die Gerichte heute nicht mehr wie früher den „Zeitwert", sondern beziehen auch den ideellen Wert des Tieres mit ein.

Noch zwei Fortschritte hat die Umstellung vom rechtlichen Status als Sache zu dem als Lebewesen gebracht: Eine Katze darf nicht mehr gepfändet werden, es sei denn, sie dient als Zuchttier einem Nebenerwerb. Und Autofahrer müssen, wenn „nur" ein Blechschaden droht, für eine Katze bremsen. Passiert als Folge tatsächlich ein Auffahrunfall, so gilt vor Gericht der auffahrende Autofahrer als Schädiger.

# Wie kommt man zu einer Traumkatze?

# Die Möglichkeiten, sein Wunschtier zu finden

Wenn Sie bezüglich Aussehen und Charakter schon genaue Vorstellungen von Ihrer künftigen Gefährtin haben, dann sollten Sie alle Möglichkeiten ausschöpfen, um Ihre Traumkatze zu finden. Leider ist die Auswahl an bereits herrenlosen Tieren oder solchen, die demnächst einen guten Platz brauchen, immer noch viel zu groß. Deshalb vorweg eine Warnung: Sie machen weder sich noch den kleinen Vierbeiner unbedingt glücklich, wenn Sie ihn aus Mitleid aufnehmen. Überlegen Sie sich Ihre Entscheidung also vorher genau, denn keinem Tier ist damit gedient, wenn Sie es nach einigen Wochen enttäuscht wieder weitergeben.

## Aus privater Hand

Möchten Sie eine gewöhnliche Hauskatze, so können Sie den Anzeigenteil von Tageszeitungen und Anzeigenblättern durchsehen. Von April bis Juli füllen die abzugebenden Jungtiere dort oft ganze Spalten. „Umständehalber“ suchen auch viele Katzen kurz nach den Weihnachtsfeiertagen und in den Urlaubsmonaten einen neuen Platz. Anzeigen stellen auch für Tierschützer oft die letzte Möglichkeit dar, Plätze für gerettete Katzen zu finden. Solche Tiere von Privat haben den Vorteil, daß Sie sich bis ins kleinste über alles, was Ihren künftigen Hausgenossen betrifft, informieren können – über gute und schlechte Angewohnheiten, Vergangenheit, Lebensrhythmus, Futter. Außerdem bietet sich Ihnen die Chance, sich ein genaues Bild vom Umfeld des Vierbeiners zu machen. Oft genug finden Sie hier Ihre Wunschkatze: zum Beispiel eine, die schon mit einem Hund oder mit Artgenossen zusammengelebt hat, oder eine, die in einer Familie mit Kleinkindern groß geworden ist. Oder das Jungtier, das in einer Wohnung geboren wurde und dem daher nichts entgeht, wenn Sie es bei sich im Appartement einquartieren. Die Kosten sind selten höher als bei Tierheimkatzen (siehe Abschnitt „Tierheime ...“). Die meisten Kätzchen sind zu verschenken oder gegen eine Schutzgebühr abzugeben. Verübeln Sie es solchen Privatpersonen nicht, wenn sie das neue Zuhause ihres Tieres sehen wollen. Im übrigen sollte das für jeden Katzenbesitzer eigentlich eine Selbstverständlichkeit sein. Aus Angst vor Tierhändlern, die die gesammelten Exemplare (immer noch) an Versuchslabors weiterverkaufen, lassen sich die Leute, die sich von ihrem Stubentiger trennen müssen, möglicherweise Ihren Personalausweis zeigen oder bestehen darauf, Ihnen das Tier zu bringen. Lehnen Sie das nicht ab, es zeigt Ihnen ja nur, daß Ihr Neuling unter liebevoller Obhut groß geworden ist.

## Tierheime haben immer reichlich Auswahl

Praktisch alle Tierheime leiden ständig unter Katzenüberschuß. Meistens warten dort ältere, verstoßene oder aufgegriffene Tiere auf einen neuen Besitzer, ab und zu werden aber auch Jungkätzchen abgegeben. Leider fehlt es vielen Heimen noch an Platz und Geld, um die Streuner von den Exemplaren zu trennen, die vorher bei Menschen gelebt haben, um Kranke und Gesunde in verschiedenen Gehegen unterzubringen. Deshalb sind Sie bei einer Tierheimkatze auch nicht dagegen gefeit, eine zu erwischen, die eine Krankheit in sich trägt, oder eine, die vorher nie menschliche Zuwendung kennengelernt hat. Versuchen Sie, soviel wie möglich über die Vergangenheit Ihres Schützlings zu erfahren; erkundigen Sie sich nach seinem Verhalten im Heim. Haben Sie sich dann für ein Tier entschieden, müssen Sie meist einen Abgabevertrag unterschreiben, in dem Sie sich verpflichten, einem Inspektor des Tierheims zur Kontrolle Zutritt zu gewähren. Einige Heime geben auch nur reine Wohnungskatzen ab, verlangen also eine Versicherung von Ihnen, Ihren Vierbeiner nicht frei laufen zu lassen. Oder Sie werden eingehend nach Ihren finanziellen Verhältnissen, Ihrem Mietvertrag, Ihrer persönlichen Situation befragt. Das ist keine Schikane, sondern soll Bumerangs vorbeugen, denn die Erfahrung hat gezeigt, daß ganz bestimmte Katzen immer wieder in den Tierheimen landen. Fragen Sie also vorher nach den Bedingungen für den Verkauf.

Die Kosten sind fast immer äußerst gering. Entweder wird lediglich eine freiwillige Spende erwartet, oder der Abgabepreis deckt die Impf- und Kastrationskosten, denn praktisch alle Katzen werden unmittelbar nach ihrer Einlieferung geimpft, entwurmt und kastriert, außerdem von Ektoparasiten befreit.

Auch bei der Tierheimkatze gilt: Wenn die Neue zu Hause von einer Erstkatze erwartet wird, müssen Sie unbedingt eine wählen, die auf Virusinfektionen getestet ist.

Nicht jede Gemeinde hat ein Tierheim. Oft müssen private Katzenschutzorganisationen die Aufgabe der Unterbringung und Vermittlung herrenloser Tiere übernehmen. Die Adressen erfahren Sie bei der Stadt- oder Gemeindeverwaltung, beim nächstgelegenen Tierschutzverein oder aus dem Branchen-

*Das ist doch kein Katzenleben! Viele Tierheimkatzen warten sehnsüchtig auf einen neuen liebevollen Besitzer*

fernsprechbuch. Solche Organisationen müssen die Vierbeiner während des Wartens auf neue Besitzer meist bei Privatpersonen unterbringen. Das kann für Sie ein Vorteil sein, weil Sie dort viel über den Pflegling und dessen Schicksal vor der Aufnahme erfahren können. Durch die persönliche Betreuung sind auch die Streuner meistens schon ein bißchen zutraulicher geworden. Wie in den Tierheimen werden die Findelkinder geimpft, kastriert, entwurmt und – wo das Geld dazu reicht – auch auf mögliche Viren getestet. Weil die Jungtiere meistens wie „warme Semmeln" weggehen, sind ältere Katzen und solche mit Handicaps immer in der Überzahl. Nur mit Glück werden Sie also im Tierheim oder beim Katzenschutzverein ein Katzenbaby bekommen. Die Preise bei den Privaten entsprechen denen der Heime: Man erwartet eine Spende von Ihnen oder die Erstattung der Unkosten für den Aufenthalt. Einige Vereine sind dazu übergegangen, Katzen nur noch mit Schutzverträgen abzugeben. Darin werden Sie unter anderem verpflichtet, den Verein zu benachrichtigen, falls Sie umziehen oder das Tier weitergeben wollen. Auch das ist eine Vorsichtsmaßnahme, weil allzuoft das Schicksal eines solchen Vierbeiners nicht mehr nachzuverfolgen war.

## Angebote via Bildschirm

Seit einigen Jahren suchen Tiere auch über den Bildschirm ein neues Zuhause. Meist werden in solchen Vermittlungssendungen die Ärmsten der Armen vorgestellt. Mit beinahe 100 Prozent ist dabei die Erfolgsquote so hoch, daß Sie nicht alle Ihre Hoffnungen auf ein Angebot via TV setzen sollten. Bei Liebe auf den ersten Blick lohnt sich aber immer ein Anruf.

## Auch Streuner sind für ein neues Zuhause dankbar

Einige Tierschutzorganisationen haben es sich zur Aufgabe gemacht, gegen das Katzenelend vor allem in den Mittelmeerländern anzugehen. Sie importieren meistens im Herbst herrenlose Streuner von dort und versuchen dann, sie hier zu vermitteln. Die entsprechenden Anschriften erfahren Sie aus dem Telefonbuch, beim örtlichen Tierschutzverein oder über Anzeigenkampagnen in den Tageszeitungen. Doch wie arm diese Geschöpfe aus dem Süden auch sein mögen, bedenken Sie unbedingt, daß Sie nichts über deren Herkunft und Lebensweise wissen. Unter Umständen stehen Ihnen und dem Kätzchen leidvolle Wochen beim Tierarzt bevor oder ein Leben nur nebeneinander, weil das Tier bis dahin einfach keine Menschen gekannt hat. Genauso groß aber sind die Chancen, und das gilt gleichermaßen für alle aufgelesenen Streuner oder Koloniekatzen, daß Sie beide miteinander glücklich werden.

Doch auch bei uns gibt es noch reichlich herrenlose Katzen, die ein neues Zuhause brauchen. Auf Bauernhöfen, in Reitställen und auch auf großen Werksge-

länden kommt alljährlich eine Unmenge von Jungtieren zur Welt, die meistens getötet werden, wenn sich kein neuer Besitzer findet. Diese Kätzchen haben allerdings möglicherweise halbwilde Eltern und sind in der Regel ohne allzuviel menschliche Zuwendung und unter Streunern aufgewachsen. Machen Sie sich unbedingt klar, daß sich aus einem solchen Tier kein verschmustes Wohnungskätzchen entwickeln kann. Dazu hat es in den ersten Lebenswochen schon zuviel mitbekommen. Ganz selten auch sind solche auf sich gestellten Koloniebewohner geimpft. Das bedeutet, daß Sie mit einer der gefürchteten Krankheiten rechnen müssen, denn gerade große Katzengruppen sind hochgradig durchseucht. Und vor allem, wenn bei Ihnen schon eine Katze lebt, sollten Sie nur ein garantiert gesundes Tier mit nach Hause nehmen.
Andererseits – und, das sei hier nicht verschwiegen – retten Sie mit hoher Wahrscheinlichkeit einem Tier das Leben, und es gibt auch unter diesen Vierbeinern gut gepflegte Katzen, die optimal gefüttert und gesundheitlich bestens betreut werden. Schauen Sie sich also die erwachsenen Tiere an. Beobachten Sie, ob sie fliehen oder fauchen, wenn Sie in die Nähe kommen, oder ob sie an Menschen gewöhnt sind und vielleicht sogar auf sie zugehen. Sind sie gut genährt oder ausgezehrt? Sind die Augen klar oder trübe? Glänzt das Fell, oder ist es struppig, mit haarlosen Stellen, eventuell sogar mit Wunden? Auch aus dem Verhalten der Menschen zu den Vierbeinern wiederum läßt sich schließen, ob diese lediglich als Mäusefänger geduldet oder ob sie respektiert, vielleicht sogar geliebt werden. Wenn Sie einer solchen Katze ein Zuhause mit Freilauf bieten können, gewöhnt sie sich mit etwas Geduld bald ein. Für die Stadtwohnung aber ist sie nicht geeignet.

## Oder soll es eine Rassekatze sein?

Wer sich für eine Rassekatze entschieden hat, kann mit etwas Glück ebenfalls im Tierheim oder über eine Zeitungsannonce einen neuen Liebling finden. Die meisten Rassekatzen werden aber direkt vom Züchter abgegeben. Entsprechende Adressen stehen entweder im Branchenfernsprechbuch, oder Sie erfahren sie über die Vereine. Auf Ausstellungen können Sie zwar die unterschiedlichen Rassen kennenlernen und sich Anschriften von Züchtern besorgen, aber keine Katze kaufen. Jedenfalls nicht, wenn der Veranstalter ein seriöser Verein ist, denn der untersagt in seinen Statuten das Feilbieten auf Shows. Trotzdem lohnt es sich, vor dem Kauf einer Edelkatze eine Ausstellung zu besuchen, denn man vermag sich dann ein genaueres Bild von den einzelnen Rassen und deren Eigenschaften zu machen und hat außerdem die Möglichkeit, sich bei den Besitzern nach allen Details bezüglich Pflege, Futter und finanziellem Aufwand zu erkundigen.
Möchten Sie eine Rassekatze erwerben, sollten Sie bei mehreren Züchtern nachfragen. Einen guten Züchter erkennen

*Bei diesen süßen Siamkätzchen fällt wohl jedem Katzenfreund die Wahl schwer*

Sie schon daran, daß er nicht dauernd Jungtiere zur Verfügung hat, sondern seine Zuchtkatzen nur ein- bis zweimal im Jahr werfen läßt. Er wird Sie auch bitten, die Kleinen mehrmals zu besuchen und in ihrer Entwicklung zu beobachten. Zudem wird er Sie über die Rasse, ihre Vorzüge und ihre Nachteile ehrlich informieren. Die Preise sind äußerst unterschiedlich, je nachdem, um welche Rasse es sich handelt, ob die Elterntiere preisgekrönte Champions oder „nur" Stammbauminhaber sind, ob das Jungtier vielversprechend (für die Weiterzucht) ist oder ein Liebhabertier, das heißt ein Kätzchen, das nicht in allen Punkten dem geforderten Standard entspricht und deshalb auf Ausstellungen kein Schleifchen holen wird. Manche Züchter bitten den neuen Besitzer, so ein Liebhabertier zu kastrieren, damit sich der Farb- oder Größenfehler nicht weitervererben kann.

Zwischen 300,– und 2000,– DM müssen Sie für eine Rassekatze rechnen. Im Angebot sind nicht nur Jungtiere, sondern (leider) ebenso ausgediente Zuchtkatzen, kastrierte Exdeckkater oder, bei Auflösung einer Zucht, auch ältere unkastrierte Tiere. Auch wenn die Rassekatzen bei der Abgabe in aller Regel geimpft, entwurmt, frei von Krankheiten, mit einem gültigen Stammbaum versehen und äußerst menschenbezogen sind, sollten Sie doch das jetzige Zuhause Ihrer künftigen edlen Mitbewohnerin besichtigen. Lassen Sie sich das Muttertier zeigen, die Kinderstube, die anderen Artgenossen. Es gibt immer wieder schwarze Schafe unter den Züchtern, die durch Massenzucht Geld verdienen wollen, oder die bei der Abgabe von Jungtieren aus chronisch durchseuchten Zuchten verschweigen, daß Katzenschnupfen oder Leukose im Zwinger aufgetreten ist. Dagegen ist Ihr Tier gefeit, wenn Sie im Impfpaß die gültige Schnupfenimpfung finden (auch beim Muttertier) und die Mutter bzw. die Kleinen leukosegetestet sind.

Ein guter Züchter wird die künftigen Lebensbedingungen seines Zöglings kennenlernen wollen. Er wird Ihnen möglicherweise einen genauen Futter- und Pflegeplan mitgeben, ein paar Babybilder und wird Ihnen vor allem anbieten, sich bei auftretenden Problemen an ihn zu wenden. Nicht selten entwickelt sich so aus dem Verkauf eines Rassekatzenbabys eine lebenslange Menschenfreundschaft.

# Die Katze kommt ins Haus

# Woran Sie schon vorher denken müssen

Einiges müssen Sie bereits erledigen, bevor Sie Ihren neuen Hausgenossen zu sich holen: Räumen Sie in den Zimmern, zu denen Ihre Katze schon anfangs Zutritt haben wird, alle zerbrechlichen Gegenstände weg, und dichten Sie Luken und Spalten unterm Schrank oder hinter den Küchengeräten ab.

Besorgen Sie sich einen Transportkorb, den Sie später immer wieder brauchen werden: bei Reisen, beim Tierarztbesuch, als Krankenstation. Diese Kennels gibt es in allen guten Fachgeschäften in verschiedenen Größen. Sie sind meistens aus abwaschbarem Hartplastik und lassen sich auseinandernehmen. Oben, unten und an der Rückseite sind sie absolut dicht, an den beiden Seiten haben sie Luftschlitze oder -löcher und vorn ein fest verankerbares Gitter, in das man Näpfe einhängen kann. Mit Schaumstoff oder einem weichen Frotteehandtuch machen Sie den Boden kuschelig.

Zur Grundausrüstung, die schon vor dem Einzug des Tieres komplett sein sollte, gehören außerdem: eine Katzentoilette, Streu, je ein Futter- und Wassernapf, Futter, ein Kratzbrett oder -baum, mindestens ein Schlafkörbchen oder -kissen und eine Schale Katzengras. Damit Sie nichts Falsches kaufen, erkundigen Sie sich am besten beim Vorbesitzer nach der bisherigen Ausstattung und nach den Freßgewohnheiten. Denn alles Vertraute macht dem Neuling die Umstellung leichter.

*In einem solchen Kennel können Sie Ihre Katze absolut sicher transportieren*

# Der Einzug ins neue Heim

Lassen Sie sich beim Holen Zeit. Bleiben Sie noch einige Minuten im Altheim der Katze, und geben Sie ihr die Möglichkeit, das mitgebrachte Kennel zu beschnuppern. Vielleicht ist sie neugierig, besichtigt es von innen, und Sie brauchen sie nicht hineinzuzwingen. Wenn der bisherige Halter des Tieres Ihnen einige Portionen des gewohnten Futters oder ein altes Schlafkissen überlassen

*Ein geflochtener Transportkorb ist hübscher als ein Plastikkennel, aber schwieriger zu desinfizieren*

kann, erleichtert das dem kleinen Vierbeiner die Übersiedlung. Vergessen Sie bei aller Vorfreude auch nicht, den Impfpaß, die Papiere (bei einer Rassekatze) und eventuelle Notizen des Vorbesitzers mitzunehmen.

Am einfachsten ist der Transport im Auto – bitte immer im geschlossenen Transportkorb. Wenn Sie zu zweit sind, kann einer den Korb samt Katze auf den Schoß nehmen und der Kleinen beruhigend zureden, während der andere fährt. Es gibt nur wenig Katzen, die ausgesprochen gerne Auto fahren. Ist Ihr Tier sehr unruhig, hechelt es vielleicht sogar (vor Aufregung), dann decken Sie den Korb mit einem Tuch ab. Das beruhigt mehr als gute Worte und Streicheleinheiten von „Fremden". Auch bei der Beförderung in öffentlichen Verkehrsmitteln gilt: Der Transportkorb muß unter allen Umständen geschlossen bleiben. Das Tier ist ja vollkommen orientierungslos und würde bei einem Ausbrechen in Panik geraten.

Zu Hause angekommen, stellen Sie den Korb in einem Zimmer ab, in dem sich Katzentoilette, Futter, Wasser und eine Schlafhöhle befinden. Dann öffnen Sie ihn und lassen den Neuankömmling zunächst einmal in Ruhe. Je nach dem Grad seiner Zahmheit wird er entweder bereits nach ein paar Minuten das Näschen herausstrecken oder längere Zeit

*Vorsichtig macht sich das Katzenkind zu seinem ersten Erkundungsgang im neuen Heim auf*

im Kennel bleiben. Je weniger Personen sich im Raum befinden, desto eher wird die Katze ihren ersten, noch sehr vorsichtigen Erkundungsausflug starten. Dabei läuft die Katze geduckt, oft mit erregt pendelndem Schwanz, einige Schritte und schätzt dabei sofort alle Fluchtmöglichkeiten ab. Jede ungewohnte Bewegung, jedes neue Geräusch läßt sie entweder zurück ins Kennel oder unter ein Möbelstück flüchten. Umsichtige Katzenhalter haben bereits einen Fluchtpunkt eingebaut: Ein höhlenähnliches Körbchen unterm Sofa oder einen Karton in einem dunklen Eck. Während ältere Katzen sich nach ein paar Stunden soweit orientiert haben, daß sie bereits ihre Toilette kennen, vielleicht auch schon gefressen haben und ein erstes vorsichtiges Dösen wagen, fühlen die Kleinen sich unendlich einsam und verlassen, und sie werden jämmerlich nach Mutter und Geschwistern schrein. Nehmen Sie so ein Baby auf den Schoß, umhüllen Sie es mit beiden Händen, und streicheln Sie es so lange, bis es sich ein bißchen beruhigt hat. Zeigen Sie ihm sein möglichst warmes Kuschelkörbchen, und setzen Sie es dort hinein. Die Winzlinge sind meistens schnell von der ungewohnten Aufregung erschöpft und fallen in einen kurzen Schlaf, bevor sie sich hungrig aufs Futter stürzen und ihre erste Entdeckungsreise antreten. Merkt man, daß sie Heimweh haben, kann man sie durch Spiele leicht ablenken. Spätestens nach der ersten Nacht fühlt ein Katzenbaby sich schon fast wie zu Hause. Erwachsene Tiere zeigen nur selten Heimweh, aber sie sind mißtrauisch und erkunden ihre Umgebung zunächst genau, bevor sie sich dem Menschen zuwenden. Je mehr Ruhe Sie Ihrer Neuen gönnen, desto eher wird sie zutraulich. Am besten Sie warten einfach, bis die Katze von sich aus auf Sie zugeht.

Sobald sich Ihr Neuankömmling so weit heimisch fühlt, daß er frißt, trinkt und die Toilette akzeptiert, zeigen Sie ihm sein ganzes Reich, natürlich ohne ihn schon aus der Wohnung zu lassen. Aber er sollte Gelegenheit bekommen, alle Räume zu sehen, in die er später immer darf, sich mit allen Menschen bekannt machen, mit denen er leben wird, und auch – sofern vorhanden – seine tierischen Mitbewohner kennenzulernen.

## Die Katze und andere Haustiere

Katzen teilen ihre Mitgeschöpfe in drei Kategorien ein: andere Katzen, Beutetiere und Feinde. Zu letzteren gehören alle Tiere, die größer sind als sie selbst, zu den potentiellen Beutetieren die kleinen. Ein Jungtier läßt sich in der Regel problemlos an Hamster, Maus, Wellensittich, Zebrafink und Kanarienvogel gewöhnen, sofern diese in einem eigenen, abgeschlossenen Gehege leben. Es ordnet diese Alteingesessenen dann als dazugehörig ein und verliert schnell das Interesse an ihnen. Umgekehrt werden kleine Nager und Vögel nach der ersten Aufregung erkennen, daß ihnen keine Gefahr droht, und den Neuankömmling hinnehmen. Wo sich solche Kleintiere jedoch frei bewegen dürfen, ist auch bei einem Katzenbaby Vorsicht geboten, denn es kann die anderen im Spiel böse verletzen oder sogar töten.

Für erwachsene Katzen sind Vogel und Nager ganz klar Beutetiere, und es gelingt nur in den seltensten Fällen, die immer wieder aufflackernde Jagdlust zu unterbinden. Besser, Sie halten diese Mitbewohner außerhalb der Reichweite Ihres Stubentigers. Meerschweinchen, Schildkröten, Kaninchen und Papageien fürchten ein junges Kätzchen nicht. Die Tiere ignorieren sich gegenseitig, manchmal leben sie auch schon nach einigen Tagen einträchtig zusammen. Dagegen sollten Sie vorsichtig sein, wenn Ihre neue Katze schon ausgewachsen ist. Sie wird zwar kaum von sich aus angreifen, sich aber wütend verteidigen, wenn ihr eines dieser Tiere zu nahe kommt.

Am einfachsten ist es, ein junges Kätzchen an den schon vorhandenen Hund zu gewöhnen. Denn ihn können Sie ja beeinflussen. Ist er sehr lebhaft, legen Sie ihn an die Leine, damit er das Kleine nicht durch seine stürmische Neugier erschreckt und es nicht verfolgen kann, wenn es vor ihm flieht. Einen gut erzogenen, ruhigen Hund lassen Sie auf seinem Platz absitzen. Für die Jungkatze stellt er nun eine Herausforderung dar,

*Ein Jungkätzchen freundet sich mit dem Haushund sehr schnell an*

und sie wird ihn neugierig umkreisen. Dabei löst jede seiner Bewegungen einen sofortigen Rückzug des Katzenkindes aus. Sobald es aber merkt, daß ihm nichts passiert, werden seine Annäherungsversuche intensiver. Solange Sie dafür sorgen, daß der Hund der Kleinen nichts tut, brauche Sie nicht weiter einzugreifen. Das Kätzchen wird nicht lockerlassen, bis es neben dem großen neuen Beschützer sitzen darf. Es dürfte keinen Fall geben, in dem aus der Verbindung Jungkatze – Hund nicht schon nach wenigen Wochen eine Kumpelfreundschaft entstanden ist.

Bei der älteren Katze ist der Sachverhalt etwas anders. Sie hat möglicherweise schon schlechte Erfahrungen mit Hunden gemacht. Aber auf jeden Fall gehört ein Hund in die Kategorie Feind. Sie sollten also warten, bis sich Ihr Neuling bei Ihnen heimisch fühlt, bevor Sie es zu einer ersten Begegnung kommen lassen. Dabei streicheln Sie den Hund und gönnen der Katze zunächst keinen Blick. Vermutlich verschwindet sie auf einen hochgelegenen Fluchtpunkt, um von dort aus den „Fremden“ anzustarren. Aber auch hier wird die Neugier siegen: Nach einigen Stunden wird die Katze den „Feind“ aus sicherer Entfernung probeweise anfauchen, sich aufblasen, buckeln und dann wahrscheinlich steifbeinig und drohend an ihm vorbeilaufen. Erzwingen Sie keinesfalls einen Körperkontakt, sonst riskieren Sie für sich und den Hund scharfe Krallenhiebe. Wenn Sie ganz sicher sind, daß Ihr Hund harmlos ist, dann lassen Sie die beiden einander allmählich auf ihre Weise kennenlernen.

Es gibt keine Garantie dafür, daß Katze und Hund, die sich als Erwachsene kennengelernt haben, einander später mal lieben werden. Doch in vielen Haushalten leben sie einträchtig nebeneinander. Ebenso wahrscheinlich ist es aber, daß die Katze dem warmen weichen Hundekörper einfach nicht widerstehen kann und sich ihn als Schlafplatz sucht.

# Die Katze und andere Katzen

Wer seiner neuen Katze einen Lebens- und Spielgefährten schenken will, sollte am besten gleich zwei Kätzchen, möglichst noch aus einem Wurf, mit nach Hause nehmen. Oder sich zwei Alttiere holen, die schon miteinander gelebt haben. Denn die Eingewöhnungsphase wird für den Menschen dadurch nicht schwieriger, für die Vierbeiner aber sehr viel einfacher. Dann bleibt Ihnen auch die Erfahrung vieler Katzenbesitzer erspart, die ihr Einzeltier mit einem Artgenossen beglücken wollen: heftige Ablehnung, beleidigtes Schmollen oder sogar wütende Kämpfe. Das ist nur allzu verständlich. Jede Katze betrachtet die Wohnung, in die sie einzieht, schon nach wenigen Tagen als ihr persönliches Eigentum. Der Neuankömmling würde eigentlich sofort das Weite suchen, weil ihm der Geruch der Alteingesessenen ja verrät, daß dieses Revier besetzt ist. Zwei Tiere unter so ungleichen Bedingungen aufeinander loszulassen, zeugt von typisch menschlichem

*Diese alteingesessene Hauskatze ist mit dem Neuankömmling offenbar gar nicht einverstanden*

Unverständnis. Meist fliegen denn auch die Fetzen, bereitet man den Single nicht geschickt auf seinen Partner vor.
Wenn Sie Ihrer Katze eine zweite zugesellen wollen, darf die Altkatze zuerst einmal keine Chance bekommen, die andere zu bekämpfen, bevor diese sich eingewöhnt hat. Wählen Sie für die Neue einen Raum als „Quarantäne"-Station, und lassen Sie ihr Zeit, sich ihn zu erobern, zu schnuppern, ihrerseits die Ecken und Kanten zu markieren, deutliche Geruchsspuren auf der Toilette zu setzen, das Schlafkörbchen mit dem Eigengeruch zu versehen. Vertauschen Sie dann die Schlafkörbchen der beiden künftigen Partner miteinander. Jede der beiden Katzen wird flehmen, eventuell die Haare sträuben, vielleicht fauchen, auf jeden Fall aber sofort den Korb durch kräftiges Einreiben und Sichwälzen intensiv mit eigenem Duft versehen. Gedulden Sie sich ein paar Tage, in denen Sie immer wieder jede der beiden mit dem Geruch der anderen konfrontieren. Sehr hilfreich ist dabei ein Kratzbaum, dessen Elemente Sie auswechseln können. Er bietet den „Rivalen" die Möglichkeit, sich nach Herzenslust in Scheingefechte mit dem Geruchsgegner zu stürzen. Sorgen Sie dann dafür, daß sich die beiden treffen können, ohne daß ihnen der Rückzug in ihren jeweiligen Raum verwehrt ist. Wahrscheinlich werden sie sich auf neutralem Gelände begegnen, beide Imponiergehabe an den Tag legen und versuchen, sich gegenseitig wegzufauchen. Meistens folgt dann eine Phase des wechselseitigen Ignorierens. Möglich sind auch lautstarke Kämpfe, die immer schlimmer aussehen, als sie wirklich sind. Wenn Sie es schaffen, greifen Sie nicht ein, sondern lassen Sie die zwei sich ruhig abreagieren. Fast immer kehrt nach einer einzigen Schlacht Ruhe ein. Das ist die natürlichste Art, zwei Katzen aneinander zu gewöhnen. Aber vielen Menschen fehlt dazu die Zeit oder die Räumlichkeit. In solchen Fällen oder wenn Sie einer erwachsenen ersten Katze ein Katzenbaby als Partner anbieten, empfiehlt sich eine Blitzkur. Dabei nehmen Sie entweder Ihre Altkatze auf den Schoß und streicheln sie, halten sie aber so, daß sie Ihnen nicht entwischen kann. Die neue lassen Sie laufen. Wenn Sie Glück haben, döst Ihre Schoßkatze bald vor sich hin und beginnt zu schnurren. Ein Signal, das die andere zum Näherkommen einlädt. Oder Sie nehmen den Neuling auf Ihren Schoß, verwöhnen ihn mit Streicheleinheiten und provozieren so die Neugier der Alteingesessenen. Das Ergebnis sollte das gleiche sein: Die beiden müssen die Möglichkeit bekommen, einander zu riechen, ohne sich sofort zu bekriegen. Dabei kann allerdings ein paar Stunden lang überhaupt nichts geschehen, oder Ihr Versuch mißlingt. Dann wagen Sie ihn erneut, am besten wenn beide Tiere müde sind, denn Schläfrigkeit macht friedlich. Auf alle Fälle braucht jede der beiden Katzen auch später ein eigenes Schlafplätzchen, einen eigenen Futternapf und eine eigene Toilette.
Ob sich zwei Kater, zwei Kätzinnen oder ein Pärchen am leichtesten zusammengewöhnen lassen, darüber streitet die

Fachwelt. Auch darüber, ob es sinnvoll ist, zu einer älteren Katze einen jungen Wirbelwind hinzuzunehmen, oder ob Erst- und Zweitkatze nicht besser gleichaltrig sein sollten. Verlassen Sie sich also am besten auf Ihre Intuition. Ganz sicher braucht eine Einzelkatze wesentlich länger, um sich mit einer zweiten abzufinden oder gar anzufreunden, wenn sie schon jahrelang als Single gelebt hat.

Wer gar nicht genug Katzen um sich haben kann, sollte dennoch, um keine Verhaltensstörungen zu provozieren, niemals eine ungerade Anzahl halten, weil sich sonst Fraktionen bilden, die wiederum Dauerzunder für Streitereien liefern. Und denken Sie daran, grundsätzlich pro Katze eine Toilette, einen Futternapf und einen Schlafplatz anzubieten.

# Die Katze und Kinder

Sobald ein Kind sprechen kann, gibt es keinerlei Mißverständnisse zwischen ihm und einer Katze. Vor allem Jungtiere hängen meistens wie die Kletten an den Kleinen, deren Spielbegeisterung sie teilen. Jungkätzchen verübeln auch lautes Geschrei, eine zu stürmische Umarmung oder das Herumgezerrtwerden nicht. Allerdings sollte Ihr Kind wissen, daß Katzen kein Spielzeug sind, daß sie Schmerz empfinden und daß man sie weder am Schwanz ziehen noch schlagen darf. Lehren Sie Ihr Kind, das Tier sofort loszulassen, wenn es einen Hilfeschrei ausstößt, zeigen Sie ihm, wie man Katzen richtig streichelt (also nicht gegen den Strich) und welche Spiele sich gemeinsam spielen lassen. Verhindern Sie bei Kleinkindern, daß sie ihren vierbeinigen Freund baden, damit das Kätzchen nicht scheu wird und sich beim Anblick der Kinder verkriecht.
Ein erwachsenes Tier kann sich seiner Haut gut allein wehren.

Meistens geht es einfach seiner Wege, wenn ihm das Kindergeschrei oder die noch ungeschickten Hände lästig werden. In Notfällen faucht es und zeigt seine Krallen.
Ein schlafendes Baby sollten Sie nie unbeaufsichtigt mit einer Katze zusammenlassen. Denn sein ruhiges Atmen und die ausstrahlende Körperwärme ziehen Ihren Stubentiger magisch an. Er sucht sich mit Vorliebe die Wiege oder das Bettchen als Schlafplatz. Das wiederum ist dem Baby angenehm, denn es wird seinerseits durch das gleichmäßige Atmen oder Schnurren und durch die kuschelige Wärme des Fells beruhigt. Eine ideale Ergänzung also, wäre da nicht das Körpergewicht des Tieres – wenn es sich auf Brust oder Kopf des Kindes legt, solange dieses noch nicht in der Lage ist, sich durch Eigenbewegungen diesem Druck zu entziehen, kann die Zweisamkeit böse Folgen haben. Und das sollten Sie nicht riskieren.

# Haltung und Pflege

# Die katzengerechte Wohnung

Es sind Kleinigkeiten, die aus einer Menschen-Wohnung ein wirkliches Katzen-Zuhause machen. Und Sie benötigen dazu weder viel Platz, noch ist das Einrichten kostspielig, noch müssen Sie Ihre eigenen Bedürfnisse deswegen zurückstellen.

## Der Kratzbaum

Das einzige Möbelstück, das Sie wirklich brauchen, ist ein Kratzbaum bzw. -brett. Ihr kleiner Vierbeiner nutzt ihn nicht nur zum Krallenwetzen, sondern vor allem zum Markieren. Deshalb muß dieser „Stammbaum" vom Schlafplatz aus auf direktem Weg zu erreichen sein, denn die Katze läuft nach dem Aufwachen, wenn sie sich gestreckt hat, immer den gleichen Weg – entweder zu einem Aussichts- oder Putzplatz oder zum Futternapf. Zwischen diesen beiden Punkten plazieren Sie die Kratzstelle – einen einfachen Sisalteppichvorleger, der flach am Boden liegt, oder ein an der Wand befestigtes Brett, das Sie mit Teppichboden bespannt haben. Genauso geeignet ist ein echter massiver Stamm, möglichst noch mit Rinde. Und schließlich bietet der Zoofachhandel eine Unmenge an unterschiedlichsten Modellen in jeder Größe an, wobei aber der Katze Farbe und Form ziemlich egal sind. Für sie muß diese „Meldestelle" kratzfreundlich sein, also eine derbe, faserige Oberfläche besitzen und die richtige Position haben. Außerdem braucht der Kratzbaum eine gewisse Standfestigkeit, weil er nicht selten aus größerer Entfernung besprungen und bei Frust oder Ärger von seiner Besitzerin kräftig bearbeitet wird. Sehr selbstbewußte Tiere suchen sich mehrere Kratzpunkte, so daß Sie flexibel sein müssen, wenn Sie nicht Ihr Mobiliar mißbraucht sehen wollen.

Die Katze muß nun dem neuen Möbelstück erst einmal ihren Geruchsstempel aufdrücken. Locken Sie sie mit einem Spielzeug oder dem gewohnten Kuschelkissen dorthin, und streicheln Sie sie intensiv. Wenn sie Kinn oder Backen an der gewünschten Kratzstelle reibt, hat sie ihren Baum akzeptiert. Auch

*Zum Krallenschärfen, zum Klettern und als Ruheplatz – der Kratzbaum ist für eine Katze unverzichtbar*

Wälzen auf flachen Brettern oder ein erstes Kratzen genügt. Tut sie nichts dergleichen, nehmen Sie eine ihrer Pfoten und streichen ein paar Mal über die Stelle, damit sich Sekretgeruch im Material festsetzt.
Wenn Sie die Kratzbäume gleich am Anfang an den richtigen Stellen plazieren, werden Sie niemals Probleme mit zerkratzten Sesseln, abgezogenen Tapeten oder zerschlissenen Teppichen haben. Ein erst einmal akzeptierter Kratzbaum wird kräftig genutzt und sieht bereits nach wenigen Wochen nicht mehr ansehnlich aus. Machen Sie jetzt nicht den Fehler, ihn zu erneuern. Der Katze ist ihr Geruch wichtig, und möglicherweise wendet sie sich angewidert von einem neuen Möbelstück ab – und der menschlichen Einrichtung zu, die ja immerhin Spuren ihrer Anwesenheit trägt.

## Die Schlafplätze

In kleinen Wohnungen oder solchen, in denen mehrere Katzen leben, kann so ein Kratzbaum zusätzlich als Schlafstelle dienen, wenn er richtig plaziert ist, das bedeutet: in einer warmen Ecke. Denn der Lieblingsschlafplatz jeder Katze ist immer warm, geschützt und liegt möglichst hoch, auf jeden Fall über der Erde. Auf dem Boden läßt sie sich nur zu einem kurzen Döser nieder, oder sie nimmt ein Sonnenbad. Für einen längeren Schlummer oder den erholsamen Tiefschlaf aber zieht sie sich, wie schon ihre Vorfahren, in eine Höhle zurück. Unsere Körperwärme ist einer der Gründe, warum Katzen so gerne im menschlichen Schoß schlafen. Wärme und die „Höhle" locken auch fast alle unter die Bettdecke, wenn ihr Mensch darin liegt. Ebenso sind das sonnenbestrahlte oder beheizte Fensterbrett, die Decke vor dem offenen Kamin, der Kachelofen und auch alle Elektrogeräte, die nach oben Wärme abstrahlen, potentielle Schlaf- oder Ruheplätze. Wer seine Katze nachts nicht im Bett duldet und ihr auch tagsüber Alternativen zum Wohnungsmobiliar bieten möchte, offeriert ihr mindestens zwei attraktive Kuschelhöhlen. Die nächtliche sollte nur nach vorn offen und innen weich gepolstert sein und auf einem Schrank, oben in einem Regal oder auf dem Kratzbaum positioniert werden – unbedingt in der Nähe einer Wärmequelle. Die für die kurzen Dösphasen gedachte Höhle darf offen sein und muß eine gute Aussicht gewähren. Pro Katze brauchen Sie je einen solchen Schlaf- und Schlummerplatz, die unbedingt gleich anziehend auf das Tier wirken müssen.

## Die Katzentoilette

Drittes wesentliches Element im Katzenhaushalt ist die Toilette. Hier werden die meisten Fehler gemacht, mit oft irreparablen Folgeschäden. Denn eine Katze ist, gerade was ihr stilles Örtchen betrifft, äußerst penibel. Sie will dort ungestört sein, sich geschützt fühlen, nicht durch fremde Gerüche irritiert werden und trotzdem Bewegungsfreiheit haben.

Bei der Wahl der Katzentoilette haben deshalb stets die Wünsche Ihrer Diva Vorrang. So muß die Toilette weit weg von Schlaf- und Ruheplatz und erst recht von Futter- und Wassernäpfen sein, ein Eck, in dessen Nähe kein lärmendes Gerät stehen sollte, ein – für Menschen – unzugänglicher Winkel, der möglichst wenig Einblick gewährt, ist der Katze angenehm. Hier darf es ruhig ein bißchen kühler und dunkel sein. Das Tier muß seine Toilette rund um die Uhr benutzen können, denn Aufregung, Streß und sogar Freude drücken auf Darm und Blase. Eine versperrte Tür ist dann womöglich Anlaß für eine erste Stubenunreinheit.

Außerdem muß die Schale geräumig genug sein, daß Ihr Vierbeiner sich in ihr drehen und in voller Länge darin stehen kann. Kater neigen dazu, ihren Urin wie beim Markieren im Stehen abzusetzen. Deshalb ist für sie eine Toilette mit hohem Rand oder sogar mit Dach empfehlenswert. Viele Kätzinnen hingegen stellen sich am liebsten mit den Vorderpfoten auf den Rand und schmollen, wenn ihnen eine überdachte Toilette angeboten wird. Bei beiden Geschlechtern kann so ein geschlossenes Katzenklo auch Naserümpfen hervorrufen, weil sich der Geruch drinnen hält. Am besten bieten Sie Ihrer Katze anfangs mehrere Alternativen und entscheiden sich dann für die von ihr bevorzugte.

Das gilt auch für die Einstreu: Im Handel gibt es sie in unterschiedlichster Konsistenz. Am bekanntesten sind Tonerde und Mineralsteinchen, denen die Feuchtigkeit entzogen wurde. Produkte aus

*Katzen mögen offene Toiletten entschieden lieber, weil der Geruch verfliegen kann*

diesen kleinen Körnchen nehmen das Doppelte ihres Volumens an Feuchtigkeit auf und absorbieren dabei auch den Geruch. Diese, immer noch am häufigsten benutzte, Streu kommt dem Scharrbedürfnis der Tiere entgegen und wird gut akzeptiert, ist dafür aber sehr schwer und dicht. Das geringere Gewicht ist ein Vorteil der Recycling-Streus aus Altpapier oder getrockneten Pflanzenfasern, die sich zusätzlich auch gut im Komposthaufen entsorgen lassen. Nicht alle Katzen nehmen jedoch diese allzu lockere „Erde“ an – sie scharren dann einfach nicht, so daß sich der unangenehme Geruch hält.

Wer selbst sehr geruchsempfindlich ist oder eine heikle Mieze besitzt, kann auf die „Weißen“ ausweichen: synthetische Streus mit Duftabsorbern, denen oft noch keimtötende Substanzen beigemischt sind. Es gibt sie „kompakt“, als „Konzentrat“ und mit normalem Volumen. Die Akzeptanz bei den Katzen ist groß. Entsorgen müssen Sie diese Streu

allerdings im Müll, denn sie ist nicht kompostierfähig.
Neu im Angebot finden sich auswaschbare Streus. Dazu brauchen Sie Spezialschalen mit einem Unterteil, in dem sich der Urin sammelt; die Streukügelchen liegen in der Oberschale. Ein Auswechseln dieser Füllung ist also nur einmal im Monat notwendig.
Für welche der vielen Streus Sie sich entscheiden, bleibt Ihnen überlassen, solange die Katze sie akzeptiert. Setzt sie aber eine Pfütze oder einen Haufen direkt neben ihre Toilette, sollten Sie sofort wechseln. Langhaarkatzen, die zwischen den Pfotenballen viele Haare haben, bevorzugen oft die großkugeligen und synthetischen Streusorten, weil diese nicht in den Ballen hängenbleiben.
Außer bei konzentrierter oder waschbarer Streu, bei denen die genaue Dosierung angegeben ist, füllen Sie die Toilette grundsätzlich handhoch auf, damit sich der Kot ordentlich verscharren läßt. Auch die extrem saugfähigen Streus, in denen der Urin gut verklumpt, so daß man ihn mit einer Schaufel herausnehmen kann, sollten Sie einmal pro Woche komplett auswechseln. Geruchsspuren bleiben immer haften, und die Katzennase ist ja um soviel feiner als unsere.
Fast alle Toilettenschalen sind aus Hartplastik und können mit heißem Wasser gereinigt werden. Das sollten Sie mindestens zweimal pro Woche der eigenen Gesundheit zuliebe tun (siehe Kapitel „Toxoplasmose“, Seite 84).

## So wird die Wohnung für die Katze sicher

Obwohl reine Wohnungskatzen weniger Gefahren ausgesetzt sind als ihre freilaufenden Artgenossen, kommt es doch auch in den eigenen vier Wänden zu erstaunlich vielen Brüchen, Zerrungen, Prellungen, Quetschungen und Vergiftungen. Und fast immer liegt die Ursache in der unbezähmbaren Neugier der Stubentiger.
Am gefährlichsten sind Kippfenster, deren gewinkelter Öffnungsschlitz das Katzenauge täuscht. Beim Sprung in diesen Schlitz bleibt der Körper hängen, und das Tier vermag sich nicht selbst zu befreien. Weil solche halbgeöffneten Fenster eine magische Anziehungskraft auf jede Katze ausüben, sollten Sie sich einen Kippfensterschutz zulegen (gibt es im Fachhandel) oder die Luke selber sichern – entweder mit mehreren Winkelscharnieren, die wie ein Gitter den Ausgang versperren, oder mit Maschendraht, den Sie allerdings bei jedem Öffnen des Fensters neu anbringen müssen. Das ganz offene Fenster – vor allem nachts im Sommer – lockt natürlich außerdem als Aussichtsplattform, möglicherweise auch zum Sprung. Um dem vorzubeugen, reicht normale Fliegengaze.

*Die seitlichen Öffnungen von Kippfenstern müssen unbedingt gesichert werden, denn die Katze kann sich beim Hineinspringen sehr schwer verletzen*

Das hermetische Abschotten und Verriegeln aller Fenster ist keine Lösung. Katzen brauchen Frischluft, und sie brauchen Sonne, aus deren Licht sie das lebensnotwendige Vitamin D produzieren. Einen sonnigen Fensterplatz sollten Sie Ihrem ursprünglichen Wüstenbewohner also auf jeden Fall einrichten. Wenn Sie unterm Dach oder im Souterrain wohnen, können Sie sogar für einen Miniauslauf nach draußen sorgen. Gute Fensterhersteller bieten solche „Erker“ als Blumenfenster an.

Einen weiteren Gefahrenpunkt in der Wohnung stellen alle „Höhlen“ dar wie Wasch- und Spülmaschine, selbstschließende Schranktüren (Tiefkühltruhe!), Plastiktüten, Bodenvasen oder unverdeckelte Rohre. Jedes dunkle Loch weckt unweigerlich die Neugier, und nur allzuschnell stecken Katzen dann in der Klemme. Schauen Sie also grundsätzlich vor dem Anstellen elektrischer Geräte (auch beim Mikrowellenherd) nach, ob sich nicht Ihr Vierbeiner darin versteckt hat. Verkleiden Sie schmale Luken, und decken Sie ungefüllte Vasen ab. Das normale Schließen einer Tür genügt bei cleveren Miezen nicht. Sie können sie nach kurzer Zeit durch Bespringen der Türklinke öffnen, klemmen bei Schiebetüren eine Pfote dazwischen und werfen sich so lange mit ihrem Gewicht dagegen, bis der Rollmechanismus in Gang gesetzt ist. Auch nur einen winzigen Spalt offene Schubladen schieben sie mit zäher Energie auf. Sie müssen also unbedingt bei Türen, die Ihr Stubentiger keinesfalls öffnen darf (zum Beispiel die Wohnungstür), die Klinke durch einen Drehknauf ersetzen oder diese Tür immer abschließen.

Bleibt noch die Gefahr einer Vergiftung. Deshalb sollten Sie vor allem menschliche Medikamente und Putz- bzw. Lösungsmittel oder Lacke und Farben grundsätzlich unter Verschluß halten.

In vielen Büchern wird vor Vergiftungen

durch Pflanzen gewarnt. In der Praxis kommen sie nur äußerst selten vor, denn Katzen nehmen kaum die entsprechende Menge an Grün zu sich. Dennoch seien hier zur Orientierung die wichtigsten giftigen Pflanzen aufgeführt:

- Zimmerpflanzen: Philodendron, langblättriger Efeu, Hyazinthe, Primel, Azalee, Hortensie und Dieffenbachia
- Garten- und Balkonpflanzen: Oleander, Lorbeer, Maiglöckchen, Ginster, Goldregen, Narzisse, Nelke, Rittersporn, Seidelbast, Wildlupine, Anemone, Liguster, Stechpalme, Primel, Hyazinthe, Azalee und Hortensie

Viel häufiger passieren Vergiftungen durch Dünger. Lassen Sie deshalb niemals gespritztes Gießwasser stehen, und schütten Sie Bodenwasser in Untertöpfen immer sofort weg, wenn Sie davor gedüngt haben.

# Der katzensichere Balkon

Auch der winzigste Vorbau genügt, um daraus ein kleines Paradies für Ihren Stubentiger zu machen. Die Vielfalt von Gerüchen, Geräuschen und optischen Eindrücken, die ein Balkon bietet, entschädigt die Katze (beinahe) vollständig für die ihr entzogene Freiheit. Und stärkt ihre Gesundheit. Die Witterungswechsel kräftigen das körpereigene Immunsystem, und das Fell gleicht sich den Jahreszeiten an. Das einzige Problem ist das Sichern gegen einen Absturz oder – in Hochhäusern – gegen das Wechseln auf nachbarliche Brüstungen bzw. gegen ausgedehnte Geländerwanderungen. Wo es der Hausherr erlaubt, können Sie ein Netz spannen (gibt es im Zoofachhandel und im Katzenversand) oder den Balkon mit Maschendraht vergittern. Möglicherweise wird Ihnen das aber untersagt, wenn es das „einheitliche Bild" der Hausfront beeinträchtigt. Dann müssen Sie zu Listen greifen. Vergitterte Brüstungen verkleiden Sie mit Stoff, denn die Zwischenräume sind meistens breit genug für den Katzenkörper. Die normale Balkonhöhe stellt für die versierte Springerin kein Problem dar. Wenn Sie jedoch zum Beispiel eine etwa 20 cm breite Bretterbrüstung am Geländer anbringen, die im spitzen Winkel nach oben zeigt, springt keine Katze darauf, weil sie nicht darüberschauen kann. Auch ein ca. 10 cm vor der Balkonbegrenzung lose durchhängendes Seil hemmt ihren Sprung. Eine besonders dekorative Lösung ist das dichte Bepflanzen mit Kletter- und Rankgewächsen, deren Stämme allerdings so dünn sein müssen, daß keine Katze das Klettern riskiert. Wenn all das nicht möglich ist, bleibt nur der Aufenthalt unter Aufsicht, an der Leine oder im geschlossenen Laufstall (dabei aber unbedingt dafür sorgen, daß ein schattiger Platz vorhanden ist).

# Der katzensichere Garten

Ein ausbruchssicherer Garten bewahrt Sie nicht nur vor Unmutsäußerungen der vielleicht nicht katzenfreundlichen Nachbarn, sondern Sie schonen dadurch auch Ihre Nerven und schenken Ihrem Tier trotzdem ein Optimum an Freiheit. Wenn Sie innerhalb des Gartens einen Zwinger bauen wollen, benötigen Sie dazu eine Genehmigung der Stadt- oder Gemeindeverwaltung. Die Volieren gibt es fertig bei vielen Hundebedarfsartikelfirmen, und sie brauchen nur noch mit Kratzbaum, Schattenplätzchen, Unterschlupfhöhle und Toilette ausgerüstet werden.

*Solch ein Hindernis versperrt der Katze den Weg zu den Vögeln und auch auf den Pflock hinauf, von dem aus sie auf die Straße springen könnte*

Den ganzen Garten zu sichern ist relativ einfach. Um hohe Bäume in Zaunnähe legen Sie in rund 1 m Höhe einen sogenannten Katzenkragen. Das ist ein Drahtring (Vogelschutzzubehör), der sich auch durch natürliche Kletterhindernisse wie einen Reif aus Heckenrosen oder andere Dornengewächse ersetzen läßt. Solche Gürtel verhindern, daß Ihre Katze einen hohen Ast als Absprungrampe nutzt, um in Nachbars Garten oder auf die Straße zu gelangen. Feste Mauern, Garagendächer oder Schuppen hingegen bewahren Sie durch ein lose wehendes Netzgitter oder einen dünnen Draht vor dem Erklettertwerden. Maschen- oder Lattenzäune und andere Einfriedungen, die Ihrem Ausbrecherkönig keinerlei Schwierigkeiten bereiten, können Sie mit elektrischem Weidedraht zum unüberwindlichen Hindernis machen. So eine Strombarriere braucht gar nicht immer angeschaltet zu sein. Meist respektiert die Katze bereits nach einer einmaligen negativen Erfahrung den Zaun für immer als Grenze. Deshalb sollten Sie sich den Weidezaun möglichst nur ausleihen. Lediglich bei notorischen Ausreißern ist er auf Dauer nötig. Bitte vergessen Sie nicht, Ihre Nachbarn zu informieren, damit nicht vielleicht ein Kind sich erschreckt oder andere Haustiere zu Schaden kommen.

Damit Ihre Katze auch während Ihrer Abwesenheit Zugang zu Balkon, Terrasse oder Garten hat, können Sie in ein Fenster oder eine Tür eine eigene Katzenklappe einbauen (Vermieter fragen!). Sie öffnet sich durch den Druck des Tierkörpers in beide Richtungen bzw. funktioniert über eine Lichtschranke. Allerdings besteht – wie erwähnt (s. S. 44) die Gefahr, daß dann auch andere Tiere in Ihre Wohnung gelangen. Neu im Angebot sind codierte Türen, die nur in Verbindung mit einem elektronischen Halsband nutzbar sind, so daß hier fremde Katzen nicht durchgelassen werden.

# Die uneingeschränkte Freiheit

Solche Klappen sind auch für Freilaufkatzen sinnvoll, weil die Tiere dann von den Menschen unabhängig sind und auch nachts hinaus können. Wenn Sie Ihrem Liebling diese Freiheit gewähren, dann sollten Sie ihn aber markieren lassen – es ist ein einmaliger Eingriff – und zwar entweder mit einer Tätowiernummer im Ohr oder mit einem reiskorngroßen Mikrochip unter der Haut. Die Katze trägt dann gleichsam ihren Personalausweis mit sich. Und Sie können – etwa bei einem Verkehrsunfall oder wenn man Ihre Ausreißerin irgendwo aufgreift – benachrichtigt werden. Das Markieren ist übrigens auch bei reinen Wohnungskatzen empfehlenswert; der Tierarzt kann es bei der Zahnsteinbehandlung vornehmen. Dennoch – eine absolute Garantie, daß niemals etwas passieren wird, gibt es natürlich nicht.

*Jede Katze sollte markiert werden, damit im Ernstfall ihr Besitzer rasch gefunden werden kann*

Wenn Sie Ihren Stubentiger an die Leine gewöhnen wollen, müssen Sie das gleich bei einem Jungtier tun oder sofort nachdem die erwachsene Katze bei Ihnen eingezogen ist. Kaufen Sie unbedingt ein spezielles Katzenhalsband bzw. Brustgeschirr und die dazugehörende Spezialleine. Hundeleinen sind absolut ungeeignet, weil sie die Katzen-

kehle erheblich verletzen können. Das Halsband muß dehnbar und weich sein. Es gibt durchaus Katzen, die einen Spaziergang am Band genießen, weil ihre Besitzer ihnen Bewegungsfreiheit lassen. Wenn die Ihre sich jedoch vehement gegen das Anleinen wehrt, erzwingen Sie bitte nichts. Verzichten Sie lieber auf den Bummel mit ihr. Eine abwechslungsreich gestaltete Wohnung ist sinnvoller als Streß und Qual eines Spaziergangs unter Zwang.

# Das Spielzeug

Spielen gehört vor allem bei Wohnungskatzen zu den elementaren Bedürfnissen, denn es soll ihnen die fehlende Pirsch und die Jagd sowie den Beutefang ersetzen. Im Sommer findet die immer fitte Jägerin auch im saubersten Heim Opfer: die Fliege am Fenster, der sie erst mit den Augen folgt, um sie dann mit einem blitzschnellen Hieb zu erlegen, worunter Gardinen manchmal beträchtlich leiden; doch abhalten können Sie eine Katze davon nicht. Auch Falter, Motten, Mücken und Spinnen fängt sie mit Leidenschaft. Mehr lebende Beute bietet ein Großstadtzuhause in der Regel nicht. Größere Trophäen müssen Sie deshalb in Form von Spielzeug anbieten.

*Eine Feder, die sich leicht im Wind bewegt, fesselt sofort die Aufmerksamkeit jeder Katze*

Alles, was sich bewegt, erregt sofort die Aufmerksamkeit jeder Katze. Gleicht es in ihren Augen auch nur entfernt einem Beuteschema, pirscht sie sich probeweise an, tupft manchmal auch mit der Pfote dagegen und reagiert bei der „Flucht“ des Opfers mit ernsthafter Hetzjagd. So intensiv kann sie sich dabei ins Jagdfieber hineinsteigern, daß alle Haare sich aufstellen, die Krallen ausgefahren sind und jeder, der sich ihr jetzt nähert, Bekanntschaft mit den Zähnen macht. Ein Pingpongball hat dabei den gleichen Effekt wie die Spielmäuse aus dem Fachhandel, die mit Catnip getränkt noch ungleich attraktiver wirken. Auch ein

Korken, den Sie an einer längeren Schnur befestigen und herumfliegen lassen, lockt Ihre Katze sofort an, und sie führt Ihnen ihr ganzes Repertoire an Jagdsprüngen vor. Wundern Sie sich nicht, wenn sie urplötzlich das Interesse verliert und sich wieder abwendet. Auch das gehört zu ihrem normalen Verhalten. Besteht nämlich keine Aussicht auf Erfolg, so erlischt das Jagdfieber schlagartig. Es liegt also an Ihnen, der Jägerin zwischendurch einen Teilsieg zu gönnen. Dann wird sie sich mit neu aufflammendem Eifer auf den „Feind" stürzen.
Neben beweglichen Dingen wecken auch bestimmte Geräusche die Neugierde. Alles, was raschelt, könnte eine Maus sein, leises Fiepsen und Summen hat sofort gespitzte Ohren und volle Konzentration zur Folge. Industriell gefertigte sandgefüllte Bälle bieten ebenso einen akustischen Anreiz wie auch knisterndes Stanniol- oder Alupapier.
Am eifrigsten interessiert sich die professionelle Mäusefängerin aber für jede Art Höhle. Sie stürzt sich begeistert auf unseren unter der Bettdecke wackelnden großen Zeh und beobachtet fasziniert, wenn wir mit einem Finger unter einem Handtuch Gespenst spielen. Alle Tüten, Körbe und Schrankfächer sowie halbgeöffnete Schubladen und Türen erregen ihre Aufmerksamkeit. Ein einfacher Karton, in den Sie einige Löcher schneiden, wird mit Sicherheit von allen Seiten begutachtet, bevor die Jägerin versucht, mit ausgestreckter Pfote in das Innere zu langen. Im Fachhandel gibt es solche Mäuseburgen, in denen ein aufgehängter Spielball die Beute simuliert.
Den Tastsinn regt alles Weiche an, wie zum Beispiel das berühmte Wollknäuel, in das jede Katze sich mit Wonne verbeißt. Ersatz für die nicht immer gesunde Woll-Lust sind Schaumstoffbälle und Synthetikmäuse, die hingerissen durch die Luft und gegen die Wände geschleudert werden, bevor das kleine Raubtier die Zähne hineinschlägt.
Katzenspiele verlaufen nicht immer heftig. Auch der Blick durch das Fenster auf Vögel draußen befriedigt die Sinne. Bei unerreichbarer Beute lassen viele Katzen ein Keckern hören. Sie nehmen dabei die Sprungstellung ein, der Schwanz peitscht aufgeregt hin und her, das Maul ist halb geöffnet, und in höchster Erregung „klappert" die Jägerin mit Gaumen und Zunge.
Wenn Sie nur wenig Platz haben, funktionieren Sie den Kratzbaum einfach auch zum Spielplatz um: mit einer Höhle, Gummifäden, an denen Bällchen hängen, und einem Stoffmäuschen, das sich in alle Etagen verschleppen läßt.

*Beim Spielen trainieren junge Katzen wichtige Verhaltensweisen*

# Die richtige Ernährung

Es ist eigentlich verwunderlich, daß ausgerechnet bei einem Tier, das ursprünglich primär von Mäusen und Ratten gelebt hat, immer noch so viele Fütterungsfehler durch einseitige oder falsche Ernährung gemacht werden können.

Der Nährstoffbedarf einer Katze unterscheidet sich kraß von dem des Menschen und dem anderer Haustiere. Sie braucht nämlich wenig Kohlehydrate, aber sehr viel Eiweiß und Fett, über das sie normalerweise zwei Drittel ihres Energiebedarfs deckt. Den Rest bezieht sie aus Muskelfleisch und Innereien. Ballaststoffe holt sie sich aus Fell, Knochen und Haut eines Beutetieres. Vitamine, Spurenelemente und Mineralstoffe sind ebenfalls in Fleisch und Knochen enthalten. Katzen benötigen sehr viel A-Vitamine (kommen in Innereien, Geflügel und Fisch vor). Ihren Vitamin-D-Bedarf decken sie nur teilweise aus der Nahrung (aus Leber und Eigelb). Statt dessen nehmen sie mit dem Futter Provitamin D, also eine Vorstufe, auf und speichern es in der Haut. Beim Sonnenbad wird das Provitamin durch die UV-Strahlung in Vitamin D umgewandelt. Alle nötigen B-Vitamine (die Katze hat einen geringen Bedarf) sind ausreichend in Fleisch enthalten, ebenso das H-Vitamin (Biotin), während Vitamin C im Körper hergestellt und nicht über das Futter aufgenommen wird. Lebenswichtig ist die Aminosäure Taurin (aus Fleisch und Innereien), die der Organismus nicht synthetisieren kann.
Es zeigt sich also, daß alles an Vitaminen, was der Körper nicht selbst zu produzieren vermag, hauptsächlich in Fleisch vorhanden ist, Katzen also keine Grünkost benötigen, übrigens auch nicht verdauen, sondern unverarbeitet wieder ausscheiden. Theoretisch könnte man sie also mit Frischfleisch, Fisch und Geflügel richtig ernähren, ließe man Innereien, Fasern und Knochen darin. Leider sieht die Praxis anders aus. Von rohem Fleisch raten inzwischen alle Tiermediziner dringend ab: Rohes Schweinefleisch kann den Erreger der tödlichen Aujeszkyschen Krankheit enthalten, rohes Rindfleisch ist möglicherweise ebenfalls (wenn auch selten) infiziert, rohes Geflügel birgt die Gefahr von Salmonellen in sich, und in Fisch schließlich gibt es ein Ferment, das Vitamin B1 zerstört und damit zu Mangelerscheinungen führen kann. Gekochtes wiederum hat unter Umständen zuwenig Fett, zudem geht ein Teil der Vitamine verloren. Und last not least: Katzen neigen an sich zu einseitiger Ernährung. Schon die Kleinen zeigen Vorlieben für bestimmtes Futter, was später so weit gehen kann, daß sie sich nach einem kurzen Geruchstest weigern, etwas anderes als zum Beispiel Fisch pur anzurühren. Damit sind Mangelerscheinungen natürlich vorprogrammiert. Um ihnen vorzubeugen, mischt man im Handel erhältliche Hefeflocken, Vitaminpasten und Taurindrops unter das Futter.

*Die Zusammensetzung des Fertigfutters erlaubt es heute, die Katze ausschließlich damit zu füttern*

Daneben ist der Fertigfuttermarkt mittlerweile so gut sortiert, daß nicht nur jede der angebotenen Mischungen exakt auf die Bedürfnisse der Katze abgestimmt ist, also ausschließlich gefüttert werden kann, sondern zusätzlich noch Extraversionen für junge, für ausgewachsene und für ältere Tiere im Sortiment bereitstehen. Denn der tägliche Energiebedarf und damit die Futtermenge variiert individuell sehr stark. Als Faustregel gilt, daß eine Katze, um ihr Gewicht zu halten, pro Tag und pro Kilogramm Körpergewicht mindestens 60 kcal zu sich nehmen muß. Bewegung, Streß, Krankheiten, Mutterschaft und Wachstum erhöhen diesen Bedarf beträchtlich. Im Alter und bei ruhigen Tieren ist er etwas geringer. Auf Fertigfutterpackungen steht die richtige Dosierung sowie eine Empfehlung bezüglich der Anzahl der Mahlzeiten. Eine gesunde Katze zeigt aber selbst an, ob sie hungrig oder satt ist, denn anders als der Hund frißt sie nicht auf Vorrat, sondern sie hört auf, sobald der Magen gefüllt ist.

Fertigfutter gibt es als Naß- und als Trockenfutter, als Allein- und als Ergänzungsnahrung. Wenn Sie Ihren Vierbeiner ausschließlich mit Dosen- oder Trockennahrung versorgen, müssen Sie als Alleinfutter ausgewiesene Nahrung nehmen. Dosen mit dem Aufdruck „pures Fleisch“ etc. dürfen nur zwischendurch oder gemischt mit Zusätzen verabreicht werden.

Das gebräuchlichste Fertigfutter, das sogenannte Naßfutter, gibt es in Dosen und Schälchen und es ist – solange diese verschlossen bleiben – bei trockener und kühler Lagerung garantiert mehrere Monate haltbar. Auch Trockenfutter hält sich hervorragend. Bei Vorratskäufen sollten Sie diese Pellets (Pellets nennt man Futterwürfel aus komprimierten Nahrungsstoffen, denen die Feuchtigkeit entzogen wurde) in luftdicht verschließbare Gläser umfüllen, weil der fleischähnliche Geruch Ungeziefer anziehen kann.

Noch vor wenigen Jahren warnten Tierärzte vor dem ausschließlichen Verfüttern von Trockennahrung, denn viele Katzen ersetzten die fehlende Flüssigkeit nicht durch ausreichendes Trinken. Kastrierte Kater etwa riskierten dabei Blasensteine oder Harngrieß. Inzwischen wurde die Zusammensetzung der Produkte zwar so verbessert, daß keine Gefahr mehr besteht, doch trotzdem sollten die Tiere, die nur Pellets erhalten, zum Trinken angeregt werden. Stellen Sie deshalb mehrere Wasserschüsseln auf – in der Nähe des Schlafplatzes,

auf der Fensterbank und neben dem Freßnapf, wenn auch Katzen am liebsten fern vom Futterplatz trinken.
Der Wasserbedarf bei Frisch- oder Naßfutter ist äußerst gering. Trinkt Ihr Vierbeiner trotzdem auffallend viel, sollten Sie ihn auf Zuckerkrankheit oder eine andere Stoffwechselstörung (Nieren) hin untersuchen lassen.
Bitte geben Sie keine Milch. Die darin enthaltene Laktose kann von erwachsenen Katzen nicht verarbeitet werden, so daß es zu Durchfällen und in deren Folge zu noch mehr Flüssigkeitsverlust kommen kann. Bieten Sie klare Rinderbrühe (mit einer winzigen Prise Salz) an oder die im Handel ganz neue Spezialmilch für Katzen, deren Zusammensetzung verdauungsgerecht ist und die es als Pulver und auch als fertige Milch gibt.
Dosen- und Frischfutter sollte niemals kalt serviert werden, sondern mindestens zimmerwarm – am besten sogar leicht erhitzt. Zwischen 35° und 38° C beträgt die optimale Futtertemperatur, die der eines frisch geschlagenen Beutetieres entspricht. Weil Katzen kein Aas anrühren, lassen sie verdorbenes oder überlagertes Futter liegen und hungern lieber. Füttern Sie deshalb portionsweise (außer bei Trockenfutter), und entfernen Sie Reste gleich nach dem Ende der Mahlzeit.
Obwohl Katzen Vitamin C selbst produzieren und es nicht über Pflanzenkost zu sich nehmen müssen, knabbern sie täglich an Grünzeug, hauptsächlich an Gräsern. Im Magen verbinden sich die Pflanzenfasern mit den beim Putzen geschluckten Haaren – beides würgt das Tier wieder aus, oder es geht mit dem Kot ab. Statt Katzengras können Sie als Verdauungshilfe auch Spezialpasten (Fachhandel) geben oder Ihren Schützling ab und zu mit einem Teelöffel Butter verwöhnen. Weil aber viele Katzen bei Magendrücken instinktiv nach Grünfutter suchen, verhindert Katzengras, daß Ihre Zimmerpflanzen herhalten müssen.
Der Fachhandel bietet Keimschalen mit Haferkernen an, die innerhalb weniger Tage sprießen. Sie können Ihre kleine Wiese aber auch selbst ansäen: Alle Getreidesorten und hartfaserigen Gräser eignen sich dafür. Alternativen aus dem Zimmerpflanzensortiment sind Zyperngras (wächst immer wieder nach), Grünlilie (muß sich ab und zu erholen) und Bambus.
Gefüttert wird morgens und abends – am besten zu festen Zeiten, an die sich der Katzenmagen schnell gewöhnt.

*Das Gras ist eine wichtige Verdauungshilfe für die Katze*

# Die Pflege

Während bei Halblang- und Langhaarkatzen das tägliche Bürsten und Kämmen unbedingt notwendig ist, sind bei den Kurzhaarigen nur eine trächtige Kätzin, ein sehr krankes Tier oder das noch nicht entwöhnte Baby für menschliche Hilfe bei der Fellpflege dankbar. Wer seinen Stubentiger striegeln will oder muß, sollte es von Anfang an tun, um Abwehrmechanismen oder gar Angstzuständen vorzubeugen. Denn manche Katzen wehren sich heftigst gegen das Gebürstetwerden. Probieren Sie es mit abwechselndem Streicheln und Kämmen, das beruhigt fast immer. Halblange oder lange Haare bearbeiten Sie zunächst mit einem grobzinkigen Kamm, der bei Filzknoten oder dickeren Fusseln steckenbleibt, ohne dem Tier weh zu tun. Fahren Sie langsam und immer mit dem Strich vom Kopf über Rücken, Brust, Bauch (vorsichtig), Beine und Schwanz. Verklumpte Haare versuchen Sie ganz sanft auseinanderzuziehen. In hoffnungslosen Fällen schneiden Sie unter der Filzstelle ab. Dann arbeiten Sie mit einem feinzinkigem Kamm weiter, bis Sie genau spüren, daß keine Knoten mehr im Fell sind. Beim Kämmen merken Sie sofort, ob sich Flöhe oder Zecken eingenistet haben. Achten Sie aber auch auf extremen Haarausfall (büschelweise) und auf nackte Stellen (Hinweis auf Hormonstörungen oder auf Pilze). Suchen Sie dann umgehend den Tierarzt auf. Die Drahtbürste benutzen Sie höchstens ein- bis zweimal pro Woche. Sie sollte abgerundete Borsten haben, um die Katzenhaut nicht zu verletzen. Kräftiges Bürsten läßt die Haare glänzen und fördert gleichzeitig die Durchblutung der Haut. Kurzhaarige Katzen können Sie beim Fellwechsel (im Frühjahr und im Herbst) unterstützen, indem Sie mit einem Noppenhandschuh, minimal angefeuchtetem Fensterleder oder gut eingecremten Händen (mit unparfümierter, neutraler Handcreme) kräftig das Fell streicheln. Die abgestorbenen Haare bleiben dann haften, das Fell erhält einen seidigen Schimmer. Bei stark verschmutzten Langhaarkatzen können Sie in Notfällen auch zu Trockenshampoo greifen. Eine nasse Wäsche ist allen Katzen ein Graus. Nur eine Verschmutzung mit Farbe oder einer übelriechenden Substanz, von der sich Ihr Tier nicht selbst befreien kann, rechtfertigt das Bad. Hül-

*Beim Streicheln bleiben die abgestorbenen Haare an den Noppenhandschuhen hängen*

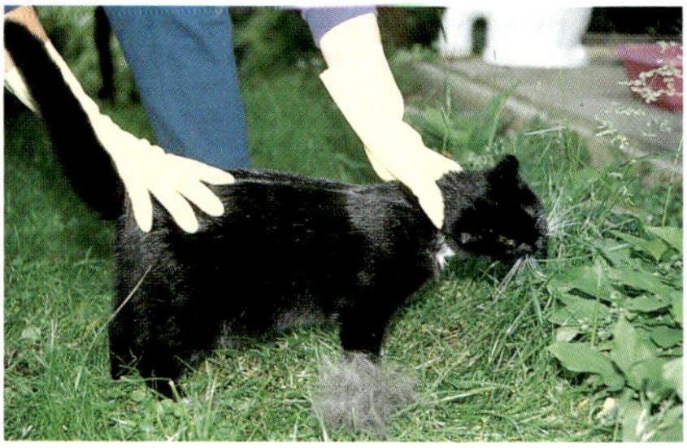

len Sie Ihren armen Stubentiger danach in ein weiches, vorgewärmtes Frotteetuch ein, und ersparen Sie ihm so den Fön. Die Ohren der Katze reinigen sich selbst. Trotzdem ist einmal im Monat eine Kontrolle zu empfehlen, vor allem dann, wenn das Tier häufiger den Kopf schüttelt oder sich ständig kratzt. Eine Reinigung mit Wattestäbchen sollten Sie wegen der Verletzungsgefahr nur mit sehr ruhigen Händen und bei einem noch ruhigeren Vierbeiner versuchen. Fahren Sie lieber mit einem weichen Papiertuch sanft durch den äußeren Gehörgang. Braunschwarze Reste, die am Tuch haften, zeigen Ohrmilben an, die unbedingt ärztlich behandelt werden müsen. Auch Vorsicht bei verkrusteten Stellen: es können Entzündungen, sogar Ekzeme entstehen. Besser, Sie lassen sich bei einer kleinen Wunde, die auch von einem aufgekratzten Insektenstich herrühren kann, vom Tierarzt eine desinfizierende Salbe geben. Stupsnasige Katzen neigen zu vermehrtem Tränenfluß und häufig verschmutzten Augenwinkeln. Tupfen Sie die Augenpartie jeweils vorsichtig mit einem weichen Tuch oder einem dicken Wattestab ab. Bei sichtbarer Nickhaut (dem dritten Augenlid) oder geröteten Lidrändern sollten Sie besser den Tierarzt aufsuchen, da beides eine ernste Erkrankung anzeigen kann, wenn auch nicht muß.

Daß zusätzliche Krallenpflege nötig ist, merken Sie, wenn Ihr Tier beim Krallenwetzen jedesmal hängenbleibt und wenn man es beim Laufen auf glattem Boden hört. Die zu stark gekrümmten oder überstehenden Spitzen lassen sich dann mit einer Spezialzange kappen. Lassen Sie sich das, zumindest bei dunklen Katzen, unbedingt vor dem ersten Mal vom Tierarzt zeigen, denn bei dunklen Krallen ist nicht zu erkennen, an welcher Stelle das Horn noch durchblutet ist; bei hellem Horn schimmert die Ader durch. Bitte Krallen niemals schneiden, um Möbel zu schonen – Sie riskieren Verhaltensstörungen bei der Katze.

*Lassen Sie möglichst einmal im Monat die Ohren Ihrer Katze vom Tierarzt kontrollieren*

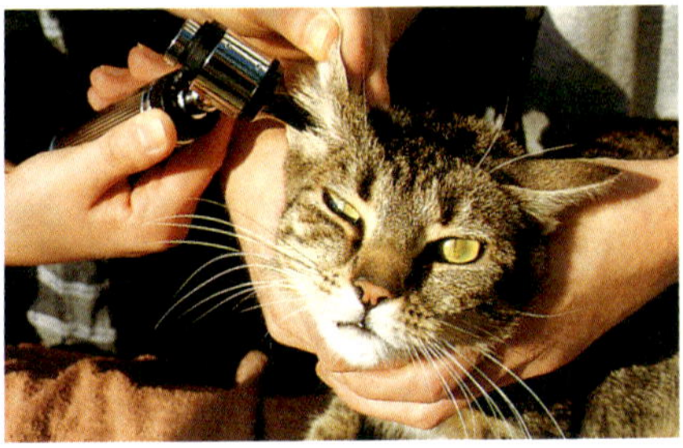

*Schneiden Sie die Krallen nur bis zu der bezeichneten Stelle ab, sonst verletzen Sie Ihr Tier*

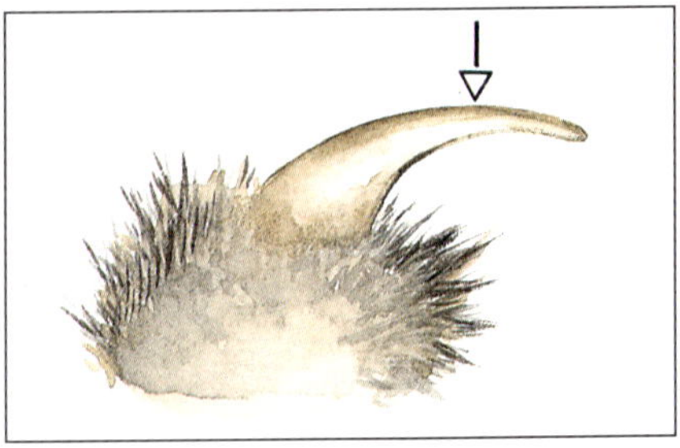

# Die Gesundheit

# Woran kann man eine kranke Katze erkennen?

*Ein glänzendes Fell und rundherum zufrieden – so sieht eine gesunde Katze aus*

Eine gesunde Katze hat ein geschlossenes glänzendes Fell (die Haare stehen also nicht ab), offene, klare Augen und eine saubere Nase. Sie atmet fast geräuschlos, frißt mit gutem Appetit und geht ohne Lautgebung auf die Toilette. Das Fell ist für die menschliche Nase beinahe geruchlos. Das Zahnfleisch sollte eine rosa Färbung zeigen. Wenn Sie das Nackenfell zwischen Zeigefinger und Daumen nehmen, hochziehen und dann loslassen, müßte es nach spätestens 10 Sekunden wieder fest um den Nacken liegen. Die normale Körpertemperatur liegt zwischen 38,5° und 39° C.

Katzen zeigen eine Erkrankung sehr spät an, sie klagen nie, sondern leiden stumm. Um so wichtiger ist es, daß Sie, neben den Routineuntersuchungen beim Tierarzt, auf Veränderungen im Verhalten oder am Körper achten.
Deutliche Signale für eine Unstimmigkeit oder eine Krankheit sind längere Appetitlosigkeit, ständiges Auswürgen gerade aufgenommenen Futters, eine verstopfte Nase bzw. Ausfluß, verklebte Augen oder solche, bei denen sich das dritte Augenlid (die Nickhaut) zeigt. Ein krankes Tier wirkt apathisch. Manchmal kauert es mit angespannten Muskeln am Futter- oder Wassernapf. Oder es sucht ständig die Toilette auf. Sehr blasse Schleimhäute im Maul, starker Mundgeruch, aufgestelltes Fell oder Haarausfall, der offene Hautstellen sichtbar macht, sind ebenso ernste Krankheitsanzeichen. Auch Katzen, die sich ständig kratzen oder mit dem Po auf dem Boden rutschen, sollten zum Arzt gebracht werden.
Da es den Rahmen dieses Buches sprengen würde, auf alle Katzenkrankheiten detailliert einzugehen, werden nun in der Folge hier nur die verschiedenen Vorbeugungsmaßnahmen erläutert.
Wer sich genau über die Krankheiten informieren möchte, dem sei das ebenfalls im FALKEN Verlag erschienene Buch „Katzenkrankheiten erkennen und behandeln“ (Nr. 1078) empfohlen.

# Die Vorbeugung

Fast allen harmlosen und vielen ernsthaften Erkrankungen können Sie vorbeugen. Bei guter Ernährung, dem Einhalten der Hygieneregeln und einer sorgfältigen Fellpflege ist das körpereigene Abwehrsystem Ihrer Katze stark genug, um mit kleinen Wehwehchen wie Erkältungen, Magenverstimmungen oder Kreislaufschwankungen fertigzuwerden.

Gegen die Katzenseuche, der noch vor 50 Jahren die Hälfte aller Jungtiere zum Opfer fiel, gibt es mittlerweile einen wirksamen Impfschutz, der lediglich immer wieder aufzufrischen ist. Auch gegen Tollwut sollten Sie alle Katzen impfen lassen, die Freilauf haben, mit freilebenden Tieren in Berührung kommen können oder auf Ausstellungen bzw. in den Urlaub mitgenommen werden. Bei reinen Wohnungskatzen ohne Kontakt mit der Außenwelt ist diese Impfung überflüssig, weil der Erreger nur über Blut, infizierte Beutetiere oder Schleimhäute übertragbar ist. Denken Sie aber daran, daß viele Katzenpensionen den Nachweis einer gültigen Tollwutimpfung verlangen.

Der gefürchtete Schnupfenkomplex – eine Viruserkrankung, die durch verschiedene Erreger ausgelöst werden kann – hat durch die vor wenigen Jahren zugelassene Impfung viel von seinem Schrecken verloren. Bei regelmäßiger jährlicher Auffrischung können Sie jeder Katze diese schreckliche Krankheit ersparen.

Noch relativ neu (seit 1991) ist die Leukoseimpfung, die von einigen Pharmafirmen angeboten wird. Wie sicher sie schützt, läßt sich aufgrund der relativ kurzen Periode, die sie auf dem Markt ist, noch nicht sagen. Nach Angaben der Hersteller wirkt die Impfung hundertprozentig gegen eine Infektion mit der Felinen Katzenleukose (FeLV), muß aber auch jährlich wiederholt werden.

Ebenfalls neu zugelassen wurde die Impfung gegen FIP (die Feline Infektiöse Peritonitis, eine immer tödlich verlaufende Bauchfellentzündung). Sie wird über Nasentropfen verabreicht und schützt, nach Herstellerangaben, zuverlässig.

Mit der regelmäßigen Dreifachimpfung (Seuche, Tollwut, Schnupfen) können Sie Ihre Katze vor den schlimmsten Gefahren schützen. Für alle Impfungen (Ausnahme: die FIP-Impfung) gilt: Sie müssen schon beim Jungtier (in der 8. Woche, wenn Sie das Tier so früh weggeben wollen oder wenn es verwaist ist, sonst in der 12. Woche) und von da ab dann regelmäßig erfolgen. Die Tabelle rechts zeigt Ihnen, wann Sie zuerst und wie oft Sie später impfen lassen müssen.

Ob Sie die Seucheimpfung jährlich oder nur alle 2 Jahre auffrischen lassen müssen, hängt vom Impfstoff ab. In gefährdeten Beständen kann man bereits vor der 8. bzw. der 12. Woche eine Passivimpfung durchführen lassen, die das Immunsystem stärkt, aber keine Erreger

## Impftabelle:

| **Erreger** | **Grund-immunisierung** | **Wiederholung** | **Auffrischung** |
|---|---|---|---|
| Seuche | 8. bzw. 12. Woche | – | jährlich bzw. alle 2 Jahre |
| Tollwut | 12. Woche | – | jährlich |
| Schnupfen | 8. bzw. 12. Woche | – | jährlich |
| Leukose | 8. bzw. 12. Woche | nach 2–4 Wochen | jährlich |
| FIP | 16. Woche | nach 4 Wochen | jährlich |

enthält – sie ist daher auch kein Ersatz für die richtige Impfung.
Denken Sie daran, daß der Impfschutz, der ja durch den Aufbau körpereigener Abwehrstoffe bewirkt wird, nur dann voll zum Tragen kommen kann, wenn das Tier bei der Impfung in gutem physischem Zustand ist. Eine verletzte Katze, eine halb verhungerte oder eine total verwurmte sollte zunächst kuriert und erst dann geimpft werden.
Wenn Sie ein Jungtier beim Züchter kaufen, hat es hoffentlich die Grundimmunisierung schon hinter sich, genauso wie die meisten Tierheimkatzen nur mit vollständigem Impfschutz abgegeben werden. In beiden Fällen erhalten Sie einen Impfpaß, in dem vermerkt ist, wogegen wann zuletzt geimpft wurde und wann die Wiederholung fällig ist.
Einen Findling oder eine Katze, bei der Sie nicht genau wissen, ob sie geimpft ist, sollten Sie vom Tierarzt untersuchen lassen. Er wird das Tier zunächst auf Darmparasiten testen und möglicherweise auch über einen Bluttest prüfen, ob es FeLV- bzw. FIP-infiziert ist. Als vorläufigen Schutz kann er eine Passivimpfung durchführen, die die spätere aktive Impfung aber nicht ersetzt.
Nebenwirkungen durch Katzenimpfungen kommen so gut wie nie vor, sieht man von einer leichten Schwellung ab, die die Impfstelle bei sehr empfindlichen Tieren manchmal ein paar Tage lang zeigt.

# Die Entwurmung

Band- und Spulwürmern können Sie zwar nicht vorbeugen, aber durch regelmäßige Entwurmung läßt sich sicherstellen, daß diese Parasiten keine Schäden im Katzenkörper anrichten. Entsprechende Präparate verordnet Ihnen der Tierarzt in Pasten- oder in Tablettenform. Bei nachgewiesen starkem Befall

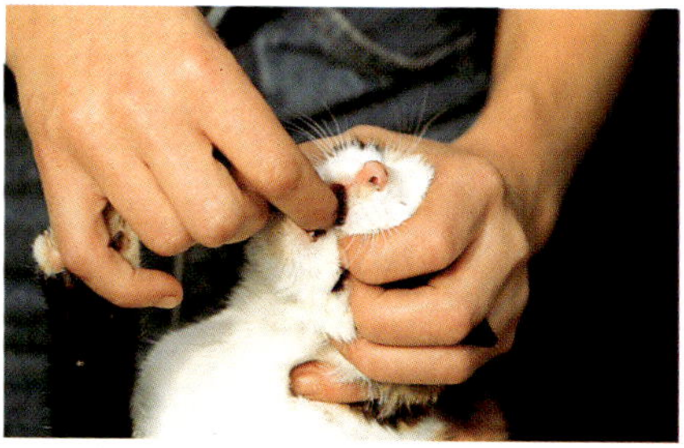

*Schieben Sie Ihrer Katze die Wurmtablette tief in den Schlund, damit sie sie auch wirklich schluckt*

ist die Behandlung auch über eine Spritzenkur möglich. Nach der 12. Lebenswoche sollten die Jungtiere das erste Mal entwurmt werden. Bei Wohnungskatzen genügt es, diese Prozedur einmal im Jahr zu wiederholen. Bei Freilaufkatzen empfehlen sich viertel- bzw. halbjährliche Wurmkuren.

Die Wurmtabletten können Sie entweder ins Lieblingsfutter schmuggeln und hoffen, daß Ihre Katze das nicht merkt, oder Sie geben sie direkt ein: Dazu öffnen Sie die Schnauze mit zwei Fingern, schieben die Tablette tief in den Schlund und schließen die Schnauze wieder. Fast immer zwingt ein Schluckreflex das Tier, die Pille hinunterzuwürgen. Noch einfacher geht das Verabreichen der Paste, die in einer Spritze aufgezogen erhältlich ist. Sie öffnen das Mäulchen, schieben die Kanüle ein kleines Stück hinein und drücken den Inhalt aus. Pastenreste, die nicht sofort verschluckt werden, leckt sich die Katze – wenn auch reichlich angewidert – anschließend selbst ab.

Wer nicht entwurmen will, der sollte unbedingt in regelmäßigen Abständen den Katzenkot vom Tierarzt auf Eier untersuchen lassen. Hauptsächlich infizieren sich Katzen über Flöhe anderer Katzen, über deren Kot oder bei der Aufnahme von infizierten Ratten, Mäusen oder rohem Fisch mit Band- und Spulwürmern.

# Ektoparasiten

**Läuse** haben nur bei extrem ungepflegten Tieren eine Chance und sind in unseren Haushalten so gut wie ausgestorben. Hingegen werden Katzen gern von Milben, Zecken und Flöhen heimgesucht. Gegen die letzten beiden können Sie mit einem Ungezieferhalsband vorbeugen, vorausgesetzt, Ihr Vierbeiner verträgt die darin enthaltenen Chemikalien. Achten Sie beim Kauf eines solchen Bandes unbedingt darauf, daß es einen Gummizug hat, damit sich das Tier, falls es hängenbleibt, nicht stranguliert. Lesen Sie auch die Herstellerhinweise genau durch, denn einige Halsbänder verlieren nach einem Regenguß oder dem (unfreiwilligen) Aufenthalt des Tieres im Wasser ihre Wirkung.

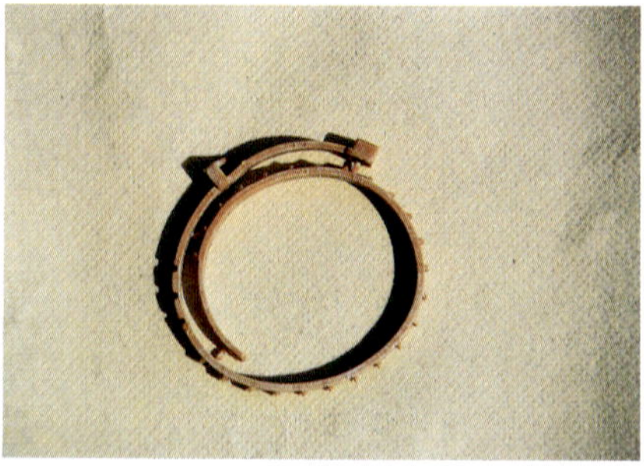

*Ein Ungezieferhalsband empfiehlt sich in erster Linie für freilaufende Katzen*

*Zecken gehören zu den Parasiten, von denen Katzen besonders gern heimgesucht werden*

Vor allem freilaufende Katzen sollten möglichst ein Ungezieferhalsband tragen. Bei Wohnungskatzen brauchen Sie nur bei Befall mit **Flöhen** zu reagieren. Dann allerdings nützt ein Band nichts mehr, denn die Eier und Larven von Flöhen sitzen auch in den Schlafkörbchen und an den Aufenthaltsplätzen der Tiere. Lassen Sie sich im Ernstfall vom Tierarzt ein Ungezieferbekämpfungspräparat geben, und behandeln Sie damit sowohl die Katze als auch alle Schlafplätze im Abstand von einigen Wochen. Zusätzlich sollten Sie einen Teil des Mittels in die Staubsaugertüte füllen, damit sich darin nicht wieder aus aufgesaugten Eiern neue Schädlinge entwickeln können. Flöhe sind nur von Tier zu Tier bzw. über dessen Aufenthaltsplätze übertragbar.
Hat sich die Katze eine **Zecke** (auch Holzbock) eingefangen – meistens passiert das bei Spaziergängen in buschigem oder bewaldetem Gebiet –, können Sie entweder warten, bis sich der Holzbock vollgesaugt hat und von selbst abfällt, oder Sie versuchen, den Parasiten zu entfernen. Bitte kein Öl verwenden, wie es oft empfohlen wird, die Zecke gräbt sich sonst noch tiefer ein. Nehmen Sie eine Spezialzeckenzange, mit deren breiten Greifern sich der Parasit gut fassen und herausdrehen läßt. Bleibt der Kopf in der Katzenhaut stecken, müssen Sie mit einer Entzündung rechnen. Die Wunde sollte dann tierärztlich behandelt werden.
An heißen, trockenen Tagen kann sich eine Katze auch mit **Herbstgrasmilben** infizieren und die mit ihr lebenden Menschen anstecken. Heftiger Juckreiz und winzige Quaddeln, dicht an dicht als rote Pünktchen zu sehen, sind Anzeichen für einen solchen Befall. Entweder läßt es sich die Katze nun gefallen, daß die Parasiten mit einer gründlichen Dusche vertrieben werden, oder sie muß zum Tierarzt.
Ein anderer Parasit, die **Räudemilbe**, befällt heute hauptsächlich die Ohren

unserer Katzen. Räude am ganzen Körper kommt eigentlich nur bei verwahrlosten Tieren vor. Die Ohrmilben können Sie als schwarze Pünktchen erkennen. Die Katze zeigt sie außerdem durch dauerndes Kopfschütteln, Kratzversuche und berührungsempfindliche Ohren an. Der Tierarzt behandelt die befallenen Ohren im Abstand von einigen Wochen und wird vorbeugend auch die Mitkatzen einbeziehen, weil die Parasiten von Tier zu Tier übertragen werden.

# Toxoplasmose

Eine Katzenkrankheit sei hier nun doch erwähnt, da sie während einer menschlichen Schwangerschaft unter Umständen für das Kind im Mutterleib gefährlich wird: die Toxoplasmose. Während sie sich bei der Katze fast niemals durch krankhafte Erscheinungen zeigt und auch bei den meisten Menschen lediglich leichte Übelkeit oder rasch abklingende Erkältungssymptome hervorruft, kann der Befall des Ungeborenen mit den Erregern Schädigungen des Gehirns und der Netzhaut verursachen, die sich allerdings erst spät in der Kindheit zeigen.

Daher empfehlen immer noch Frauenärzte werdenden Müttern, sich von ihren Katzen zu trennen. Nötig ist das nicht, denn der Toxoplasmoseerreger, dessen Eier über Futter (infizierte Mäuse, rohes infiziertes Fleisch) in den Körper der Katze gelangen, entwickelt sich nur in deren Kot. Bis er ansteckend wirkt, vergehen 3 bis 4 Tage. Und auch danach kann er eine Schwangere nur dann infizieren, wenn sie ihn direkt oder indirekt aufnimmt, zum Beispiel wenn sie sich über den Mund wischt, nachdem sie den Kot mit den Händen aus der Toilette entfernt hat.

Wer ganz auf Nummer Sicher gehen will, läßt am besten seine Katze durch einen Bluttest auf den Befall mit Toxoplasmoseerregern untersuchen. Ebenso sollte auch die Schwangere über einen Bluttest ermitteln, ob sie in ihrem Leben vielleicht schon einmal mit diesem Erreger in Berührung gekommen ist. Dann nämlich besteht durch eine neuerliche Infektion überhaupt keine Gefahr mehr.

Viel größere Probleme als die eigene Katze, deren Toilette sicherlich öfter als alle 4 Tage frischgemacht wird, bringen freilebende Katzen mit sich, die ihren Kot im Garten verscharren, so daß man mit ihm womöglich bei Gartenarbeiten in Kontakt kommt. Noch wesentlich höher ist das Risiko, sich mit Toxoplasmose durch das Essen von rohem Fleisch (zum Beispiel von Tatar) zu infizieren. Die eigene Katze spielt somit also eine denkbar geringe Rolle, und es besteht daher absolut kein Grund, sich von ihr zu trennen, wenn ein Kind erwartet wird.

# Die Zahnpflege

Zahnerkrankungen sind bei Katzen relativ selten, Zahnfleischerkrankungen dagegen häufig. Anders als der Hund wird sich keine Katze die Mühe machen, stundenlang an einem unergiebigen Kauknochen zu knabbern. Das Trokkenfutter allein reicht bei zahnsteinanfälligen (ist erblich) Tieren nicht aus. Einmal pro Jahr, am besten zum Impftermin, lassen Sie daher das Gebiß vom Tierarzt kontrollieren und den Zahnstein entfernen. Damit beugen Sie einem zu frühen Zahnausfall und Erkrankungen der Mundschleimhäute vor.

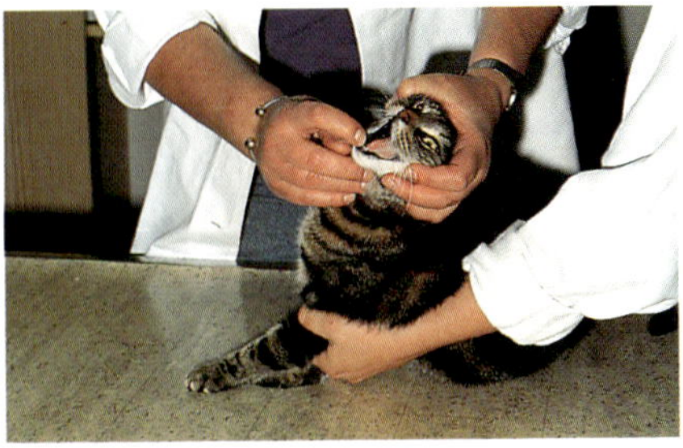

*Zur Gesundheitsvorsorge gehört auch die regelmäßige Gebißkontrolle durch den Tierarzt*

# Die Kastration

Wer nicht unbedingt mit seiner Katze züchten will, sollte sie nach Erreichen der Geschlechtsreife kastrieren lassen. Beim Kater ist das meistens kurz vor dem ersten Geburtstag. Bei der Kätzin empfiehlt sich der Eingriff nach der ersten Rolligkeit. Durch die Kastration ersparen Sie sich nicht nur viel Ärger, Sie schließen auch beim Weibchen die Gefahr einer Gebärmutterentzündung aus, die bei unkastrierten Weibchen häufig auftritt.

Die Kastration ist heute ein Routineeingriff, nach dem Sie meistens das Tier sofort wieder mit nach Hause nehmen dürfen. Dem Kater werden dabei die Hoden, der Kätzin die Eierstöcke und ein Teil der Gebärmutter entfernt; das geschieht jeweils unter Vollnarkose. Damit das Narkoserisiko auf ein Minimum gesenkt wird, sollten Sie Ihren kleinen Liebling ab dem Abend vor der Operation nicht mehr füttern. Ihren frischoperierten Patienten stellen Sie im Transportkorb in einen dunklen, ruhigen Raum, bis er ganz wach ist. Die Kater werden meist sofort wieder munter und fressen sogar oft unmittelbar nach der Operation. Die Kätzinnen tun sich schwerer, sie tragen oft einen Verband, und sie spüren die Wunde. Bieten Sie eine angewärmte Rinderbrühe an, und bleiben Sie in den nächsten Stunden bei dem Tier, damit es sich den

Verband nicht abkratzt und die Narbe nicht durch gewagte Sprünge überdehnt wird. Schon am Tag nach dem Eingriff wird die Kätzin aber wieder ganz die alte sein. Und wenn – bei beiden Geschlechtern – spätestens nach 1 Woche die Fäden gezogen worden sind, ist schon alles vergessen. Die – heute allerdings unübliche – Sterilisation macht beide Tiere lediglich unfruchtbar, ohne daß sie das Triebleben stoppt. Dem Kater werden bei einem solchen Eingriff die Samenstränge, der Kätzin die Eileiter durchtrennt.

## Die Katzen-Hausapotheke

Medikamente, die für den Menschen gedacht sind, können bei Katzen tödliche Wirkung haben, wie zum Beispiel Aspirin. Experimentieren Sie daher niemals mit Arzneimitteln, die nicht vom Tierarzt verordnet wurden, an Ihrem Vierbeiner herum. Am besten legen Sie für ihn eine eigene Hausapotheke an, in der Sie die wichtigsten Erste-Hilfe-Präparate kühl, trocken und dunkel aufbewahren. Neben Verbandszeug und Pflaster, einer Schere sowie blutstillender Watte und einer Brandsalbe sollten das ein Fieberthermometer, einige Einwegspritzen in verschiedener Dicke, eine Zeckenzange, Babyöl, Kamillentee und eventuell noch eine Vitamin-Mineralstoff-Paste sein. Medikamente oder Wurmmittel haben nur begrenzte Haltbarkeit und werden daher bei Bedarf gekauft.

*Achten Sie darauf, daß Ihre Katzen-Hausapotheke immer alle wichtigen Präparate und Utensilien enthält*

## Der Tierarzt

Nicht immer ist der nächste Tierarzt auch der richtige für sie und Ihre Katze. Suchen Sie sich auf jeden Fall einen Kleintierpraktiker, der auf Wunsch auch Hausbesuche macht und Ihnen seine Privattelefonnummer gibt, damit Sie ihn

notfalls immer erreichen können. Finden Sie in Ihrer Nähe keinen solchen Arzt, sollten Sie sich zu Ihrem Haustierarzt auch noch die nächstgelegene Klinik anschauen. Denn erfahrungsgemäß erkranken Katzen auffallend oft nachts, an Sonn- oder Feiertagen, oder vielmehr werden die Besitzer erst dann auf die Krankheit aufmerksam, wenn sie ihren Stubentiger in Ruhe über mehrere Stunden hinweg beobachten können. Wo keine Klinik in der näheren Umgebung ist, richten die Landestierärztekammern normalerweise einen tierärztlichen Notdienst ein, den Sie bei der Telefonauskunft erfragen können.

Keine Katze läßt sich gerne zum Tierarzt bringen. Die Gerüche im Wartezimmer, die Aufregung ihres Besitzers, der ungewohnte Transport, all das macht ihr Angst. Lassen Sie sich daher möglichst einen Termin geben, der Ihnen und Ihrem Liebling längere Wartezeiten erspart. In einem geschlossenen Kennel ist die Katze am besten aufgehoben. Wer sie auf dem Arm trägt, riskiert, daß sie sich losreißt, wenn sie erschrickt. Er setzt sie außerdem ungeschützt der Konfrontation mit anderen Patienten – Katzen und Hunden – aus. Weil Sie ja nicht wissen können, ob sich im Wartezimmer nicht Tiere mit einer ansteckenden Krankheit befinden, dürfen Sie Ihre Katze dort auf keinen Fall herumlaufen lassen, sondern sie bleibt im Kennel, bis Sie beide ins Sprechzimmer gerufen werden.

Wenn Sie nur zu einer Routineuntersuchung oder zu den Wiederholungsimpfungen zum Tierarzt gehen, brauchen Sie außer dem Impfpaß nichts mitzubringen. Solange Sie den Arzt nicht wechseln, müssen Sie auch keine Liste der bisher aufgetretenen Krankheiten oder der Medikamente vorlegen. Bei einer Krankheit allerdings sollten Sie vorsorglich eine Kotprobe, eventuell etwas Urin (wenn Sie ihn auffangen können), Erbrochenes sowie bei Vergiftungsverdacht auch die mögliche Ursache (Pflanzen, Tabletten oder Chemikalien) mitnehmen.

Ein guter Tierarzt wird Ihnen lange Wartezeiten ersparen, und er wird die „Geschichte“ seiner Patientin vor ihrem Besuch schon gelesen haben, so daß sich auch die Zeit im Sprechzimmer auf ein Minimum beschränkt.

Zuständig ist der Tierarzt auch, wenn eine unheilbar kranke Katze eingeschläfert werden muß. Sich zu einem solchen Entschluß durchzuringen fällt wohl keinem Katzenhalter leicht, doch denken Sie daran, daß für Ihr Tier dieses schmerzlose Ende viel besser ist als langes, qualvolles Leiden.

Ersuchen Sie den Tierarzt gegebenenfalls am besten um einen Hausbesuch, damit die Katze in der gewohnten Umgebung bleiben kann. Der Arzt wird die Patientin zuerst mit einer Narkosespritze betäuben und sie dann erst einschläfern. Die Spritzen bewirken keinen psychischen Streß, sind schmerzlos und wirken innerhalb weniger Minuten. Können Sie keinen Hausbesuch erreichen, so fahren Sie selbst mit Ihrer Katze zum Tierarzt. Bitte lassen Sie das Tier nicht allein, sondern bleiben Sie bei ihm, bis es gestorben ist.

# Die Katze wird Mutter

# Wichtige Überlegungen vorher

Der völlig aus der Luft gegriffene Glaube, jede Katze müsse einmal im Leben Mutter werden, hat in der Katzengeschichte unendlich viel Leid verursacht. Unmengen von Streunern, grassierende Seuchen, ausgesetzte, ertränkte, vergiftete Jungtiere und ewig überfüllte Tierheime – all das ließe sich vermeiden, wenn sich die Nachwuchskontrolle durchsetzte.

Überlegen Sie deshalb genau, ob Sie die Verantwortung für die gewünschten Katzenkinder übernehmen wollen. Denken Sie auch daran, daß es Komplikationen geben kann:

- Kätzinnen, die während der Rolligkeit keinen Kater erhören, werden leicht dauerrollig, weil der Hormonhaushalt durcheinandergerät.
- Trächtigkeit ist einer der Faktoren, die versteckte Krankheiten zum Ausbruch kommen lassen.
- Bei der Geburt können Störungen auftreten, das kostet Sie Zeit, Nerven und Geld.
- Die Katzenkinder müssen geimpft, entwurmt und natürlich tierärztlich versorgt werden.
- Sind Sie sicher, daß Sie für jedes Ihrer Kleinen einen guten Platz finden?
- Können Sie notfalls noch ein oder zwei Katzen zusätzlich im Haushalt verkraften?

Reden Sie auch mit der Familie über Ihren Wunsch nach Katzennachwuchs. Erst wenn alle einverstanden sind, können Sie guten Gewissens Ihre Katze Mutter werden lassen.

# Die Rolligkeit

Eine weibliche Katze wird zwischen dem 6. und dem 12. Lebensmonat, eine männliche nach dem 8. Monat geschlechtsreif. Züchten sollte man mit solchen Jungtieren aber noch nicht. Frühestens mit 1 Jahr ist die Kätzin wirklich reif für den Nachwuchs, weil sich erst dann der Hormonhaushalt eingespielt hat. Natürlich gibt es sowohl frühreife Tiere als auch Spätentwickler. Beides ist aber kein Grund zur Sorge. Wenn Ihre Kätzin werfen soll, lassen Sie einen Kater nicht vor der dritten Rolligkeit zu.

Die Hitze, bei der Katze Rolligkeit genannt, ist weder zu übersehen noch zu überhören. Ausgelöst wird sie beim ersten Mal durch die zunehmende Tageslänge, also meistens im Februar oder März. Bei reinen Wohnungskatzen hat die Jahreszeit jedoch keinen Einfluß.

4 bis 10 Tage lang zeigt die Kätzin sich übernervös, sie will ins Freie, frißt nur das Nötigste und schläft unruhig und

kurz. Bei ihren endlosen Wanderungen durch Wohnung, Garten und Umgebung reibt sie Kopf und Flanken an allen möglichen Gegenständen, um den Katern frühzeitig ihre Paarungswilligkeit zu signalisieren. Am 3. Tag der Rolligkeit beginnt sie mit ihren Rufen – hauptsächlich nachts. Das langanhaltende, lautstarke Weinen, das in Menschenohren schauerlich klingt, lockt unweigerlich jeden Kater an, auch aus weiter Entfernung. Die sehnsüchtige Braut sucht sich für ihren Lockgesang die verschiedensten Rufplätze aus, so daß der Eindruck entsteht, als jammerte eine ganze Schar von Katzen.

Ein freilaufendes Weibchen werden Sie in dieser Rolligkeitsphase so gut wie gar nicht mehr zu Hause erleben, und auch die Wohnungskatze benimmt sich zunehmend unruhiger. Zum Höhepunkt der Hitze hin zeigen die Kätzinnen das typische schlangenartige Wälzen am Boden, wo sie sich mit Hilfe der Krallen entlangziehen, von einer Seite auf die andere rollen, dabei heftig die Backen am Untergrund reiben. Beim Laufen knicken die Beine ein, der Schwanz dreht sich zur Seite. Immer nervöser schärft die künftige Mutter ihre Krallen, gurrt sie Menschen und im Haushalt lebende Tiere an. Mit dem Babytreteln, dem rhythmischen Trampeln beider Vorderpfoten bei ausgestreckten Krallen, markiert sie kräftig alle ihre Stützpunkte. Der Appetit ist gänzlich geschwunden, nichts, aber auch gar nichts kann sie jetzt mehr ablenken. Im Normalfall hat sie bereits eine ganze Meute raufender und genauso schauerlich schreiender Kater um sich geschart. Nähert sich ihr allerdings tatsächlich ein Freier, läßt sie ihn während der ersten Rolligkeitstage heftig fauchend abblitzen, um ihn jedoch sofort wieder durch werbendes Gurren und Wälzen anzulocken. Nur erfahrene Kater kommen tatsächlich zum Decken. Die Jungkater und die Schwächeren dürfen üben, werden aber unmittelbar vor der Paarung weggebissen.

Der künftige Vater kennt seine bräutliche Furie aus Erfahrung. Er beobachtet sie aus sicherer Entfernung und wartet 2 bis 3 Tage der Rolligkeit ab. Dann ist die Katze für einige Tage aufnahmebereit. Sie wird gnädiger, läßt sich umrunden und schließlich bespringen. Dabei packt der Kater sie so hart am Nackenfell, daß sie in die Tragstarre ihrer Baby-

*Zum typischen Verhalten einer rolligen Katze gehört das schlangenartige Sichwälzen auf dem Boden*

zeit fällt. Sie ist sekundenlang bewegungsunfähig – eine Zeit, die er zum eigentlichen Deckakt nutzt. Unmittelbar danach bringt er sich mit einem Rückwärtssatz schleunigst in Sicherheit, denn aus der eben noch demütigen Braut wird jetzt eine Teufelin, die mit ausgefahrenen Krallen und gebleckten Zähnen auf ihn losgeht. Und wieder heißt es für den Kater warten, bevor er sich erneut nähern kann. Etwa 1 Woche nach der Rolligkeit läßt die Kätzin keine Freier mehr an sich heran, obwohl sie – auch wenn sie aufgenommen hat – noch Rolligkeitsverhalten zeigt, bevor sie, wie eine ungedeckte Kätzin auch, zur Ruhe kommt.

Mit ausgiebigen Schlafphasen und doppelten Portionen bei jeder Mahlzeit regenerieren die Weibchen nach der Rolligkeit die aufgezehrten Kräfte. Katerlose Kätzinnen zeigen schon nach wenigen Wochen erneut Rolligkeitsanzeichen, während die trächtigen jetzt deutlich ruhiger und sanfter werden.
Die schleimig-blutigen Absonderungen während der Rolligkeit (nicht wie beim Menschen nach der Aufnahmephase) putzen sich die penibel-sauberen Tiere selbst weg. Meistens merken die Besitzer gar nichts davon. Nur in seltenen Fällen müssen Sie verschmutzte Schlafkissen wechseln, damit sich keine Krankheitskeime festsetzen können.

# Die Trächtigkeit

Sieht man vom ruhigeren Wesen ab, so zeigt sich die Trächtigkeit der Kätzin in den ersten 3 Wochen noch gar nicht. Das Tier frißt normal, der Körper ist noch unverändert. Nach der 4. Woche können Sie sich vergewissern, ob es überhaupt aufgenommen hat. Beim Abtasten der Bauchregion fühlen Sie die haselnußgroßen Köpfchen, die wie an einer Schnur aufgereiht nebeneinanderliegen. Geübte Pflegeeltern wissen dann sogar schon die Anzahl der Jungen. Ab diesem Zeitpunkt sollten Sie heftige Spiele mit der werdenden Katzenmutter vermeiden, ihr hohe Sprünge verwehren und sie beim Hochheben von jetzt an nur noch mit beiden Händen greifen, und zwar vorne unter den Achselhöhlen und hinten unter den Hüftgelenken.
Ungefähr ab der 5. Trächtigkeitswoche sieht man, daß die Katze rundlicher wird, daß die Zitzen leicht anschwellen. Das Tier braucht jetzt doppelt soviel Eiweiß, Vitamine und Mineralstoffe wie sonst, dafür können Ballaststoffe entfallen. Verteilen Sie das Futter auf drei oder vier Mahlzeiten pro Tag, denn der Magen kann wegen der immer weiter wachsenden Föten nicht viel auf einmal aufnehmen. Achten Sie außerdem auf reichlich frische Luft, die die Durchblutung fördert und damit den Kreislauf der Mutter und ihrer Kinder stabil hält.

*Nun dauert es nicht mehr lange, bis die Katzenkinder zur Welt kommen*

Ab der 7. Trächtigkeitswoche wird die Kätzin unruhig, ihr Zustand ist inzwischen unübersehbar, sie beginnt, nach einem Nest zu suchen. Sehr menschenbezogene Tiere wählen fast immer eine Stelle in unmittelbarer Nähe ihrer Besitzer – im Bett, in einem Kleiderschrank oder unter der Couch. Alle Plätze, an denen die Katze unter keinen Umständen werfen soll, müssen Sie hermetisch abriegeln. Bieten Sie immer mehrere Wurfplätze an, die die künftige Mutter inspizieren und probeweise bewohnen kann. Die Kinderstube sollte an einem ungestörten Platz stehen, vor Zugluft geschützt sein und mindestens 3 Monate dort bleiben können. Höhlenähnliche Kisten werden von den Kätzinnen meistens bevorzugt. Weil Sie ja nicht wissen können, ob Sie eingreifen müssen, sollten Sie Wurfkisten mit abnehmbarem Dach bereitstellen. Innen wird das Lager weich ausgepolstert. Auf die Polster legen Sie eine wasserdichte Matte und darüber kochfeste oder Wegwerftücher bzw. Windeln. Wenn sich die Katze deutlich für zwei oder sogar drei potentielle Kinderstuben entschieden hat, können Sie die verschmähten wegräumen, müssen aber alle ausgesuchten an Ort und Stelle lassen.

Sobald die Nestsuche beginnt, reduzieren Sie die Futtermenge etwas und verlegen dann die Freß- und Trinkplätze in die Nähe des gewählten Nestes. Die Nahrungsqualität muß unbedingt erhalten bleiben. Sie werden merken, daß die Kätzin nun mehr trinkt als sonst und daß sie beim Schlafen dauernd die Lage wechselt.

In den letzten Tagen kann sie sich nicht mehr gut putzen, sie sucht ständig ihre Toilette auf und zeigt Unbehagen. Wenn Sie einen guten Draht zum Tier haben, können Sie ihm helfen, indem Sie es am gewählten Wurfplatz streicheln, mit ihm reden, es an den ihm unzugänglichen Stellen mit einem weichen Tuch putzen.

Etwa 2 bis 3 Tage vor der Geburt schwillt die Milchleiste weiter an, die Zitzen werden deutlich dicker. Mischen Sie jetzt dem Futter etwas rohe Rinderleber oder 1/2 Teelöffel Speiseöl bei, damit die Katze sich beim Kotabsetzen nicht so schwer tut.

Über die Hälfte aller Katzenmütter werfen zwischen dem 63. und dem 65. Tag nach der Paarung (nicht nach der Rolligkeit). In Ausnahmefällen – bei sehr vielen Jungtieren zum Beispiel – findet die Geburt nach 55 Tagen statt. Erstmütter

verzögern sie manchmal bis um 1 Woche. Generell besteht bis zum 70. Tag nach der Paarung kein Grund zur Sorge, wenn die Kätzin noch keine typischen Geburtsanzeichen zeigt. Erst sobald sich 24 Stunden nach diesen ersten Signalen nichts tut, sollten Sie den Tierarzt zu Rate ziehen.

# Die Geburt

Leichter Scheidenausfluß, Milchtröpfchen an den Zitzen, vor allem aber das Verhalten der werdenden Mutter kündigen die bevorstehende Geburt an. Die Katze wirkt sehr nervös, sie schmiegt sich an den Menschen an, klagt leise, nimmt keine Nahrung mehr zu sich. Sie inspiziert ihr Wurflager, verläßt es wieder, stromert ziellos durch die Wohnung und sucht immer wieder Kontakt zum Menschen. Weil die Katzenbabys sich bereits gedreht haben, drücken sie auf Blase und Darm. Deshalb laufen vor allem junge und unerfahrene Mütter ständig auf die Toilette. Sie bleiben auch bis unmittelbar vor dem ersten Jungen so unruhig. Solche Erstmütter sollten Sie unbedingt im Auge behalten, denn sie werfen möglicherweise ein Kind auf ihren Wanderungen durch die Wohnung.
Im Normalfall verliert die Katze einige Stunden vor dem ersten Baby etwas Fruchtwasser und läßt sich daraufhin endgültig im gewählten Wurflager nieder. Ein menschenbezogenes Tier ruft jetzt nach Ihnen, es will tatsächlich nicht allein sein. Sanftes Streicheln beruhigt es und massiert gleichzeitig den Körper.
Nach den Eröffnungswehen, die sich durch starke Flankenbewegungen zeigen, versucht die Katze sich die Scheide zu lecken und nimmt die ihr angenehme Geburtsposition ein. Katzen können in jeder Körperstellung werfen, Sie brauchen also nicht einzugreifen. Wundern Sie sich nicht, daß Ihre werdende Mutter auf einmal zu schnurren anfängt. Bis heute ist noch nicht eindeutig geklärt, ob dieses Schnurren den noch ungeborenen Kindern gilt oder ob die Kätzin sich auf diese Weise selbst zu beruhigen versucht, ähnlich, wie die Menschenmutter während der Wehen Atemübungen zur Entspannung macht. Bei einigen Katzen vergrößern sich auch die Pupillen, und der Blick wirkt abgeklärt oder leicht glasig.
Von den ersten Geburtsanzeichen bis zu den Preßwehen können bis zu 24 Stunden vergehen. Meistens erscheint das erste Junge aber innerhalb von 12 Stunden nach Einstellen des Fressens.
Eröffnungs- und Preßwehen gehen fließend ineinander über. Die Katze legt sich jetzt seitlich hin, oder sie bleibt in der Hockstellung. Bei sehr rund- oder großköpfigen Jungen (zum Beispiel bei Perserkatzen) gibt es mitunter Schwierigkeiten beim Austreten des Babys. Daher sollten Sie nach den ersten Wehen

vorsorglich Ihren Tierarzt informieren, damit er notfalls durch Kaiserschnitt helfen kann. Glücklicherweise ist das selten notwendig, genau wie es nur in Ausnahmefällen zu Steißlagen kommt. Wenn 2 bis 3 Stunden nach Einsetzen der Wehen noch kein Kätzchen da ist, rufen Sie auf jeden Fall den Tierarzt an.

Die Babys werden in einer schleimigen Hülle ausgetrieben, die meistens während der Geburt zerreißt. Andernfalls zerbeißt die Mutter sie und leckt ihr Junges sofort sauber. Dabei zieht sie an der Nabelschnur die Nachgeburt heraus, bevor sie das Kleine abnabelt. Manchmal tritt die Nachgeburt auch unmittelbar nach der Geburt des Katzenkindes aus. In beiden Fällen wird sie von der Mutter verzehrt, so wie sie auch das Fruchtwasser aufleckt. Zählen Sie auf jeden Fall mit, ob zu jedem Jungen auch eine Nachgeburt erscheint. Falls zwei Babys sehr schnell hintereinander kommen oder die Mutter noch unerfahren ist, kann es passieren, daß sie eines „vergißt“. Dann müssen Sie eingreifen. Nehmen Sie das noch in seiner Fruchtblase verpackte Neugeborene in die Hand, ziehen Sie die Hülle ab, und streicheln Sie das Kleine sanft, um Durchblutung und Atmung anzuregen. Schneiden Sie die Nabelschnur mit einer scharfen, desinfizierten Schere ungefähr 1 cm über dem Nabel ab. Dann legen Sie den Winzling sofort wieder zur Mutter. Der unmittelbare Kontakt nach der Geburt ist für das Mutter-Kind-Verhältnis unabdingbar, und es könnte sein, daß die Kätzin das Junge verstößt, wenn Sie es ihr zu lange vorenthalten.

*Erste Wäsche nach der Geburt: Sorgfältig leckt die Katzenmutter alle ihre Jungen sauber*

Bis alle Kleinen geboren sind, dauert es mindestens eine halbe, höchstens aber bis zu 6 Stunden, während denen Sie Ihre Katze nicht allein lassen sollten. Wirkt Sie erschöpft, bieten Sie ihr etwas lauwarme Rinderbrühe oder Katzenmilch an, ausnahmsweise auch Schlagsahne bzw. Dosenmilch. Manche Tiere schlecken dankbar etwas Proteinkost, die es als Paste zu kaufen gibt. Andere bevorzugen Eigelb mit Traubenzucker als Energiespender.

Wenn Sie sicher sind, daß mit jedem Jungen auch die Nachgeburt erschienen ist und Ihre stolze Mutter schnurrend alle Kleinen angenommen hat, um sie zu säugen, gönnen Sie ihr ein paar Minuten Ruhe. Sie wird sich selbst intensiv putzen wollen, anschließend den gesamten Nachwuchs säubern, ein paar Minuten schlafen und dann erneut ihre Kinder zum Saugen anregen.

# Die Babys

1 bis 2 Stunden nach der Geburt können Sie die Katzenkinder wiegen und jeweils das Geschlecht bestimmen. Das ist für die Mutter eine gute Gelegenheit, die Toilette aufzusuchen, eventuell auch schon etwas Futter zu sich zu nehmen. Währenddessen wechseln Sie die Wiegeneinlage. Das Normalgewicht der Neugeborenen liegt bei 100 g, doch auch Kätzchen mit 70 g Geburtsgewicht sind keine Seltenheit, andererseits bringen die großen, schweren Rassen manchmal sogar bis zu 150 g auf die Waage. In den ersten Tagen sind die Geschlechter noch gut zu unterscheiden, danach wird es auch für geübte Katzenhalter manchmal äußerst schwierig. Nehmen Sie die Kleinen also bald heraus. Wenn After und Geschlechtsorgan weit auseinanderliegen und zwischen Schwanzwurzel und After nur wenige Millimeter Fell sind, handelt es sich um ein Katerchen. Bei den kleinen Weibchen befinden sich After und Vagina dagegen dicht untereinander.

*Dieses Katzenbaby spürt schon instinktiv die liebevolle Zuwendung des Menschen*

*In der Gegenüberstellung läßt sich das Geschlecht am besten erkennen*

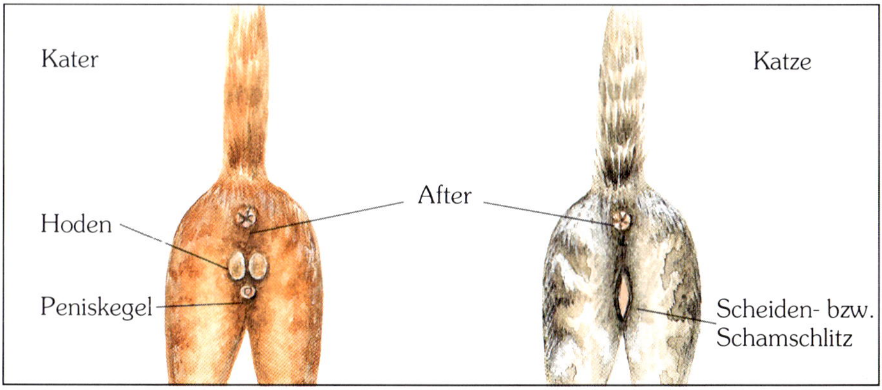

Solange Sie dafür sorgen, daß die Mutterkatze kräftige hochwertige Nahrung zu sich nimmt, brauchen Sie sich um das leibliche Wohl der Kleinen in den ersten beiden Wochen nicht zu kümmern. Damit aus den Winzlingen später aber einmal menschenfreundliche Tiere werden, sollten Sie täglich jedes der Katzenkinder ein paar Minuten in die Hand nehmen, mit ihm reden und es streicheln. Man weiß, daß Kätzchen, die eine solche Zuwendung vom Menschen erfahren, später viel verschmuster und anhänglicher werden als die anderen. Ab der 3. Lebenswoche, wenn die Kleinen ihre ersten Gehversuche starten, sollten Sie ruhig viel mit ihnen spielen und sie ausgiebig streicheln. Bringen Sie sie jetzt mit anderen Haustieren und mit anderen Menschen zusammen, wenn möglich auch mit dem neuen Besitzer, aber achten Sie auf jeden Fall darauf, daß sie keinerlei schlechte Erfahrungen machen.

Die Mutter bringt ihren Kindern bei, die Toilette zu benutzen, sie zeigt ihnen das Fressen und übernimmt die Grunderziehung – natürlich auf Katzenart. Die Babys lernen, ihre Krallen zu wetzen, zu drohen, sich zu verteidigen oder zu fliehen. Sorgen Sie unbedingt für mehrere Katzentoiletten, damit keines der Jungtiere in Versuchung kommen kann, sich womöglich doch woanders zu entleeren.

In diesen ersten Wochen wacht die Kätzin rund um die Uhr über ihre Kleinen. Wittert sie Gefahr oder fühlt sie sich nicht mehr sicher, kann es passieren, daß sie ihre Kinder verschleppt. Wenn dann die anfangs angebotenen Ersatznester noch stehen, sind die Chancen groß, daß sie in eines davon umzieht. Andernfalls müssen Sie Mutter und Kinder unbedingt suchen, damit der Nachwuchs weiterhin den menschlichen Kontakt hat.

Nach 3, spätestens nach 4 Wochen nehmen die Katzenkinder die erste feste Nahrung zu sich. Füttern Sie jetzt so abwechslungsreich wie möglich. Zur Spezialkost für Katzenbabys geben Sie die unterschiedlichsten Zusätze, damit die Jungen keine Vorlieben für eine bestimmte Geschmacksrichtung entwickeln. Vor Krankheiten sind sie noch durch die Muttermilch geschützt, so daß Sie sich mit Impfen noch Zeit lassen können. Erst wenn die Mutter nicht mehr säugt, ist die Reihe nunmehr an Ihnen, die Gesundheitsvorsorge zu übernehmen.

Weggeben sollten Sie die kleinen Vierbeiner erst, wenn sie ihre erste Entwurmung und die Grundimmunisierung hinter sich haben. Obwohl viele Besitzer sich bereits nach 8 Wochen von den Kleinen trennen, ist das nicht empfehlenswert. Der 3. Lebensmonat stellt nämlich eine für die Entwicklung sehr wichtige Phase dar. Mutter und Geschwister wirken dabei intensiv mit, und alles vermag der Mensch nicht zu ersetzen. Zwischen der 12. und der 14. Lebenswoche liegt der ideale Zeitpunkt für die Trennung. Denn bis dahin haben die Kinder all das gelernt, was sie im Leben brauchen, und die Mutter zeigt sich außerdem bereits zunehmend ungnädig.

# Was tun mit mutterlosen Katzenkindern?

Wenn die Katzenmutter bei oder ganz kurz nach einer schweren Geburt stirbt, können Sie versuchen, die Kleinen selbst großzuziehen. Unproblematisch ist das, wenn die Mutter ihre Kinder noch 36 Stunden lang gesäugt hat. In dieser Phase unmittelbar nach der Geburt enthält nämlich die Kolostralmilch Immunglobuline, die die Neugeborenen mit Antikörpern gegen alle Krankheiten versehen, mit denen ihre Mutter in Berührung gekommen ist. Diese Milch können Sie nicht ersetzen. Kätzchen, die sie nicht erhalten, bleiben deshalb ein Leben lang anfälliger für Krankheiten und wachsen meist auch nicht so gut.

Als Aufzuchtmilch verwenden Sie am besten ein Spezialpräparat, das Sie vom Tierarzt oder im Fachhandel erhalten. Es ist sehr proteinhaltig (rund zehnmal nahrhafter als Kuhmilch) und gleicht in den Bestandteilen der Muttermilch. Zur Spezialnahrung gibt es Trinkfläschchen mit einem katzengerechten Saugpfropfen. Halten Sie sich genau an die angegebene Futtermenge, die sich nach dem Gewicht des Kätzchens richtet. Die Milch sollte auf rund 38° C angewärmt und während der ersten Woche sechsmal pro Tag gefüttert werden. In der 2. Lebenswoche können Sie auf fünf Mahlzeiten pro Tag reduzieren, ab der 3. Lebenswoche reichen drei Fütterungen. Wichtig ist, daß Sie nach jedem Fläschchengeben mit Ihrer vorgewärmten Hand den Bauch des Katzenkindes so lange massieren, bis sich Darm und Blase geleert haben. Als Ersatznest bieten Sie dem Kleinen ein sehr warmes (um 40° C) Nestchen an der Heizung oder unter einer Wärmflasche, das Sie, wenn keine Geschwister vorhanden sind, mit warmen Kissen füllen müssen. Denn bis zur 3. Lebenswoche sind die Babys nicht imstande, die körpereigene Temperatur zu halten, und kühlen aus, wenn sie nicht von allen Seiten gewärmt werden. Der Tierarzt wird den Kleinen, die ohne Muttermilch keine Abwehrstoffe ausbilden können, Antikörper spritzen, was aber nicht mit der Impfung zu verwechseln ist, die unbedingt in der 8. Lebenswoche erfolgen sollte.

Weil ein verwaistes Katzenkind ohne Kontakt zu Artgenossen später deutliche Verhaltensstörungen zeigt, sollten Sie eine Amme oder ein anderes Katzenbaby dazunehmen.

*Mit viel Geduld und Liebe können Sie mutterlose Katzenbabys selbst großziehen*

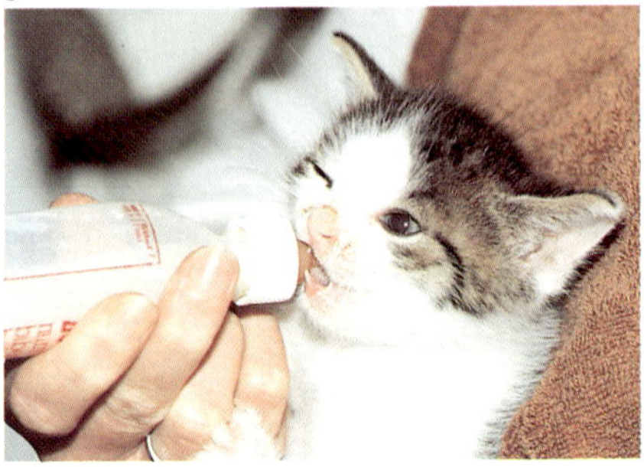

# Die Erziehung

# Tricks statt Strafen

Keine Katze beugt sich einem Befehl, erst recht nicht unter Zwang. Sie ist eine Persönlichkeit mit ausgeprägtem Selbstbewußtsein, die sich Wünschen nur freiwillig fügt. Deshalb können Sie ihr auch nur mit Tricks die unabdingbaren Spielregeln des Lebens beim Menschen beibringen.

Bei einem jungen Tier ist das ganz einfach, denn in dessen Augen übernehmen Sie unmittelbar die Mutterrolle. Sie füttern jetzt, ersetzen das Putzen durch Streicheln, spielen den Beschützer, und automatisch beobachtet das Katzenkind, was Sie tun. Weil die natürliche Mutter ihre Babys nicht bestraft, sondern sie lediglich wegfaucht oder -beißt, wenn sie ihr lästig werden, können die Kätzchen mit Strafen nichts anfangen.

Vorbild spielen ist die einzig sinnvolle Art der Erziehung von Jungkatzen. Bei älteren Tieren, die Sie aus zweiter Hand übernehmen, oder bei Findlingen, die vielleicht noch nie mit Menschen zusammengelebt haben, bleiben solche Tricks meistens ohne Wirkung. Sie haben sich längst ihre eigenen Regeln fürs Leben geschaffen und ändern diese nur, wenn sie erkennen, daß sich daraus Vorteile für sie ergeben. Dabei wird ein ganz normaler Vorgang zum Schlüsselreiz umfunktioniert, wenn er immer positive oder immer negative Folgen nach sich zieht.

Alle Tiere lernen sowohl aus ihren guten und als auch aus ihren schlechten Erfahrungen. Darin bildet auch die Katze keine Ausnahme. Sie können also nach dem Prinzip arbeiten: Tut sie etwas Richtiges, erhält sie sofort eine Belohnung, etwa in Form eines besonders geliebten Futters, eines verlockenden Spiels oder auch von ein paar Streicheleinheiten; setzt sie zu einer unerwünschten Handlung an, jagen Sie ihr einen Schrecken ein, indem Sie zum Beispiel etwas Klirrendes (etwa einen Schlüsselbund) genau neben die Missetäterin werfen. Vorsicht allerdings bei solchen Strafaktionen: Sie müssen gleichzeitig mit dem unrechten Tun erfolgen, damit im Katzenhirn eine Verbindung zwischen beidem hergestellt werden kann. Und das Tier darf keinesfalls erkennen, daß Sie es waren, der ihm den Schrekken eingejagt hat. So ein Schock muß es wie ein Blitz aus heiterem Himmel treffen. Nur dann erzielt er die gewünschte Wirkung.

*Katzen haben ihren eigenen Kopf – sie lassen sich nicht zu einem bestimmtem Verhalten zwingen*

# Was muß eine Katze lernen?

Die Stubenreinheit gehört zu den wichtigsten Dingen, die jeder Katze angewöhnt werden müssen. Jungtiere, die sich in diesem Punkt an ihrer Mutter ein Beispiel nehmen können, lernen sie meist schon problemlos im Alter von 4 Wochen. Bauernhofkatzen und solche, die länger im Tierheim im Gehege gelebt haben, kennen entweder eine Toilette gar nicht, oder sie haben ihre Sauberkeit „vergessen". In solchen Fällen müssen Sie anfangs Ihre Neue genau beobachten, vor allem nach längeren Schlafpausen und in der Stunde nach der Hauptmahlzeit. Registrieren Sie ein unschlüssiges Herumlaufen, sehen Sie sie im Blumentopf wühlen oder in der Badewanne eine Pfütze hinterlassen, dann heben Sie das Tier auf und setzen es mitten in die Toilette. Bleiben Sie dabei, und loben Sie die Katze, wenn sie ihr Geschäftchen auch verrichtet hat. Bitte sie niemals mit der Schnauze in die Pfütze oder gar in den Kot tauchen und sie auch nie im Nacken packen und schütteln. Beides sind für ihren Stubentiger völlig unverständliche Handlungen, durch die Sie ihm allenfalls eine gewisse Menschenscheu anerziehen, die ihn aber ganz sicher nicht stubenrein werden lassen.

Eine Katze Gehorsam zu lehren ist relativ schwierig. Zwar kennt sie schnell und ohne Probleme ihren Namen, denn sie kapiert sofort, daß immer dann, wenn sie einem Ruf folgt, etwas Angenehmes auf sie wartet. Doch das bedeutet nicht, daß sie auch aufs Wort folgt wie etwa ein Hund. Bei einer Katze können Sie nichts erzwingen, ihr auch nicht beibringen, daß sie Sie begleiten soll, sie tut es lediglich, wenn sie es selbst will. Ebenso sinnlos ist es, ihr Streichel- oder Schmusestunden aufzuerlegen. Ist sie nicht in Laune, empfindet sie das Festgehaltenwerden auf dem Schoß als unangenehm und wird sich wehren. Ihre von Ihnen erwählten Schlafplätze akzeptiert sie auch nur dann, wenn sie sich dort wohl fühlt – auf ein bestimmtes Körbchen läßt sie sich ganz sicher nicht fixieren. Dagegen können Sie ihr von Anfang an klarmachen, welche Bereiche für sie tabu sind, wenn Sie zum

*Die Jungen von Hauskatzen sind normalerweise bereits mit 4 Wochen an die Toilette gewöhnt*

Beispiel ein Zimmer, das sie nie betreten soll, immer abschließen. Allerdings dürfen Sie dabei niemals eine Ausnahme machen. Eine Katze kann ungeheuer penetrant werden, wenn sie sich Zugang zu einem Raum verschaffen will. Das fängt mit Miauen an, steigert sich zu Kratzen und Scharren und endet in nimmermüden Klinkensprüngen. Dieses Verhalten zeigt sie aber nur, wenn sie bereits einmal in dem Zimmer war und es ihr dort gefallen hat. Ihr verständlich zu machen, daß sie einen Raum lediglich dann betreten darf, wenn Sie mit ihr gehen, klappt selten.

Kleineren Unarten, wie zum Beispiel dem Hochklettern an den Vorhängen und dem Klauen von Lebensmitteln vom Tisch, begegnen Sie am wirkungsvollsten mit einer Blumenspritze oder mit lautem Händeklatschen – aber natürlich nur, wenn Sie das Tier auf frischer Tat ertappen. Meistens genügen ein bis zwei solcher Schreckaktionen, um es von weiteren Versuchen abzuhalten. Denn so trotzig sich jede Katze echten Erziehungsversuchen widersetzt, so willig paßt sie sich in den Haushaltsalltag ein, wenn sie sich bei jemandem wohl fühlt.

*Die Siam ist die einzige Katze, der Sie beibringen können, bei Fuß zu gehen wie ein Hund*

# Problemkatzen

# Die Stubenunreine

Das häufigste Verhaltensproblem, mit dem sich Katzenbesitzer an Tierärzte oder Psychologen wenden, ist die plötzliche Unsauberkeit. Es kommt gar nicht so selten vor, daß eine Katze auf den Teppich, in Ecken oder auf das Bett uriniert. Einem solchen Verhalten müssen Sie dann unbedingt möglichst rasch auf den Grund gehen und es behandeln lassen.

Der erste Schritt ist immer der Gang zum Tierarzt. Denn natürlich kann eine Krankheit der Auslöser für die Stubenunreinheit sein. Stellt sich heraus, daß die Katze gesund ist, sollte man zwischen echter Unsauberkeit und einer Verhaltensstörung unterscheiden. Setzt sie nicht nur Urin, sondern auch Kot außerhalb der Toilette ab, so ist sie tatsächlich nicht stubenrein. Die Ursache liegt dann wohl direkt bei der angebotenen Toilette. Vielleicht wurde das Tier einmal erschreckt, als es die Toilette aufsuchen wollte, oder der Ort, die Streu, das Gehäuse behagen ihm nicht. Sie können das leicht testen, indem Sie zusätzlich zur gewohnten Toilette eine zweite anbieten, die sich von der ersten deutlich unterscheidet. Wählen Sie auch einen ganz anderen Standort und eine andere Einstreu. Vielleicht ist die Streuschicht auch zu dünn, oder Sie haben nicht häufig genug gewechselt. Oder Ihre Katze möchte Kot an einer anderen Stelle als Urin loswerden. All diese Möglichkeiten sollten Sie in Erwägung ziehen und zunächst einmal für Alternativen sorgen. Außerdem müssen die Toiletten, alte wie neue, unbedingt zu jeder Tages- und Nachtzeit problemlos zugänglich sein.

Ohne positive Resultate bleiben Naseeintauchen, Prügel oder andere Strafen. Denn ganz sicher hat das Tier keinerlei Unrechtsbewußtsein und vermag deshalb auch an seinem Fehlverhalten nichts zu ändern.

Genauso unsinnig – und dazu noch gesundheitsschädigend und daher unverantwortlich – ist es, ihm abends kein Wasser mehr zu geben.

Katzen, die lediglich den Urin außerhalb der Toilette absetzen, sind nicht unsauber, sondern sie markieren. Sie wollen also, daß Mitkatzen (und der Mensch) den Duft bemerken. Von zehn unkastrierten Tieren markieren neun – mit der Kastration ist das Problem also meistens gelöst, aber leider nicht immer.

*Die Stubenunreinheit Ihrer Katze kann die unterschiedlichsten Ursachen haben*

Das Markieren tritt nach amerikanischen Untersuchungen gehäuft auf, wenn

- sich in der Familie etwas ändert, also ein Mensch die Familie verläßt, bzw. ein neuer Mensch dazukommt.
- sich im Revier der Katze etwas ändert, nach einem Umzug etwa, nach dem Renovieren oder auch nur durch Austausch eines (von der Katze geliebten) Möbelstückes.
- zu viele Katzen auf zuwenig Raum leben. Dann markieren meist mehrere Tiere, um über den Urin ihre Ansprüche geltend zu machen.
- eine neue Katze dazukommt oder eine gewohnte Mitkatze weg ist.
- in der engsten Nachbarschaft eine der genannten Veränderungen auftritt.
- sich die Familiensituation und damit die Ansprache für die Katze ändert, zum Beispiel bei Berufswechsel oder bei Zeitknappheit ihres Menschen.
- ein anderes Haustier dazukommt und Aufmerksamkeit auf sich zieht.

Katzen sind, was ihr Zuhause und ihre Menschen angeht, ungeheuer sensibel und „riechen“ Gefühlsänderungen sehr schnell und deutlich. Den Auslöser für das Markieren zu erkennen ist oft schwer, manchmal auch unmöglich. Und selbst wenn Sie wissen, daß zum Beispiel Ihre Berufstätigkeit an den Pfützen in der Wohnung schuld ist, können Sie nicht in jedem Fall die Ursache beseitigen. Sie müssen deshalb das Problem mit Tricks bewältigen. Wichtig ist, daß Sie zweigleisig arbeiten – nehmen Sie der Katze möglichst den Grund, sich so vehement zu beklagen, und machen Sie ihr das Markieren denkbar schwer. Wenn Sie nur einen Teil dieser Doppeltherapie durchführen, wird es sicher bald zu einem Rückfall kommen.

Meistens sind die Markierplätze bekannt und auch deutlich zu riechen. Befinden sie sich auf dem Boden, so stellen Sie direkt darüber für einige Tage eine Katzentoilette. Oder bedecken Sie die Stelle mit einer Plastikplane. An der Wand, in der Wäschetruhe oder im Bett geht beides nicht. Hier darf das Tier ein paar Tage lang nur unter Aufsicht Zugang haben. Sind Sie direkt dabei, wenn es markiert, klatschen Sie laut in die Hände, werfen etwas Klirrendes auf den Boden oder jagen Ihrer Katze auf andere Weise einen mächtigen Schreck ein. Gleichzeitig müssen Sie dafür sorgen, daß die Markierstellen die Katze später nicht mehr an ihre Tat erinnern. Bei abwaschbaren Gegenständen genügt eine 60°C-Wäsche. Teppich, Wand oder Möbelstücke schrubben Sie mit heißem Wasser und Seifenlauge ab. Nehmen Sie niemals ammoniakhaltige Putzmittel, die für Ihren Stubentiger verführerisch nach Konkurrenz duften und ihn geradezu dazu einladen, sich darüber zu verewigen. Der Fachhandel bietet konzentrierte Dufttropfen an, die den penetranten Uringeruch mit einem ebenso penetranten Frischegeruch überlagern und in einigen Fällen helfen. Doch alle diese Gegenmaßnahmen ändern nichts, wenn Sie nicht gleichzeitig dafür sorgen, daß die Katzenpersönlichkeit sich stabilisiert. Bei mehreren Katzen kann das sogar bedeuten, daß Sie sich von einer trennen müssen, wenn Sie nicht

Mittel und Wege finden, jeder ein eigenes kleines Revier zu verschaffen. Das können mehrere Kratzbäume, Höhlen und Trampelpfade sein, ebenso die Reviervergrößerung durch Öffnen eines Raumes, der bisher tabu war. Widmen Sie Ihrem Stubentiger mehr Zeit als bisher, lassen Sie ihn häufiger spielen, oder bereiten Sie ihm Anregungen von außen – etwa durch ein offenes Fenster mit dazugehörigem Aussichtsplatz. Die letzte Möglichkeit ist, die Katze für ein paar Wochen an einen anderen Platz zu geben, wo sich in vielen Fällen die „Unsauberkeit" schlagartig legt, die auch tatsächlich nie wieder auftritt, auch nicht nach dem Wiedereinzug. Ein todsicheres Rezept gegen diese Art von Stubenunreinheit gibt es aber nicht, denn die Ursachen sind zu verschieden.

# Die Aggressive

Todesangst, Eifersucht, Übererregbarkeit und sexuelle Not sind die häufigsten Ursachen für Aggressionen bei Katzen, die sich in diesem Zustand sogar blutige Gefechte liefern. Andere wiederum richten ihre Angriffslust auf den Menschen. Beim Behandeln der Aggressivität muß man sich primär auf das auslösende Moment konzentrieren. Ist es Angst, so müssen Sie sie dem Tier nehmen. Angriffslust oder besser Verteidigungsbereitschaft aus Todesangst ist leicht zu erkennen, weil die Katze, bevor sie faucht, kratzt oder beißt, alle Anzeichen von Panik zeigt: Sie versucht zu fliehen, läuft geduckt, legt Ohren und Barthaare an. Erst wenn sie keine Fluchtmöglichkeit mehr sieht, schlägt die Angst in Wut um, und das Tier geht auf den „Feind" los. Es entwickelt sich jedoch – man möchte es kaum glauben – zum zauberhaften, anhänglichen Schmusekätzchen, sobald es keine Angst mehr haben muß.

Ist Eifersucht die Ursache, so bedingt das eine andere Vorgehensweise. Fast immer handelt es sich um sehr menschenbezogene Ein-Personen-Katzen, die auf alles und jeden losgehen, der ihnen diesen Besitz streitig macht. Richtet sich die Aggressivität gegen einen Menschen, sollte dieser am besten ab sofort das Futter geben, Streicheleinhei-

*Wenn die Katze faucht, dann fühlt sie sich in irgendeiner Weise in die Enge getrieben*

ten verteilen und in der Nähe der wärmsten Schlafplätze sitzen, während die eifersüchtig verteidigte Bezugsperson die Katze links liegen läßt, ihr auch keine Nahrung mehr vorsetzt. Ist der „Feind" ein anderes Tier, muß man die aggressive Katze aus der Reserve locken. Nehmen Sie das angegriffene Tier auf den Schoß, streicheln Sie es, und reden Sie dabei aber mit Ihrem bitterbösen Stubentiger. Locken Sie ihn mit einem Leckerbissen oder einem Spielzeug. Und streicheln Sie ihn erst dann, wenn er sich nähert und den Rivalen nicht angreift.

Eifersucht zwischen Tieren kann lange dauern, sogar bis ans Lebensende. In ganz schweren Fällen müssen Sie eventuell auch erwägen, sich von einem Tier zu trennen, denn Daueraggressivität führt unter Umständen zu schweren anderen Verhaltensstörungen.

Mitunter kommt es vor, daß Katzen aufgrund eines langweiligen Alltags ohne die lebensnotwendigen Bewegungsmöglichkeiten so viel Erregung in sich aufstauen, daß sich die gesammelte Energie einfach entladen muß. Außerdem gibt es bestimmte Rassen, wie etwa die Orientalen, die zu Nervosität neigen und sich schnell erhitzen. Bei ihnen ist ebenfalls die beste Therapie eine turbulente Spielstunde, bei der sie sämtliche Aggressionen abreagieren können.

Unkastrierte Katzen, und erst recht Kater, zeigen hormonbedingte Aggressionen gegen Revierrivalen oder, bei unbefriedigten Trieben, auch gegen den Menschen bzw. gegen Artgenossen. Kastration beseitigt in solchen Fällen die Ursache und deren Folgen. Seltener passiert es auch, daß die Kastraten „oversexed" sind und sich gebärden, als müßten sie ihr Territorium bzw. die nicht vorhandenen Jungen verteidigen. Das kann der Tierarzt feststellen und durch leichte Hormongaben die „Wutanfälle" lindern.

Viele Besitzer verwechseln Übersprungsreaktionen, Spielrituale und Liebesbezeigungen mit Aggressivität und reagieren für die Katze unverständlich mit Strafen oder Schimpfen. Klassisches Beispiel ist das urplötzliche und scheinbar grundlose Umschlagen von wohligem Schnurren in Kratzen und Beißen beim Streicheln. Die Ursache: ein Erregungsstau, der irgendwie ein Ventil braucht. Manche Katzen stehen dabei auch einfach nur auf und putzen sich hektisch, andere wiederum rennen wie von Furien gejagt davon. Wer seinen Stubentiger gut kennt, der weiß bald, wie viele Streicheleinheiten er verträgt, und kann kurz vor dem Umkippen seine Erregung zum Beispiel durch ein Verfolgungsspiel in andere Bahnen lenken.

Irrtümlich als Aggression aufgefaßt wird oft das ganz normale Reagieren von Katzen auf wackelnde Zehen oder auf eine sich unter der Bettdecke bewegende Hand. Der Vierbeiner erkennt hier nicht, daß die Beute ein menschlicher Körperteil ist, und frönt seinem Jagdinstinkt.

Auch wenn sich Ihr Tier, ganz kätzisch, durch Beißen, Lecken oder leichte Tatzenhiebe seine Streicheleinheiten oder mehr Zuwendung holen will, müssen Sie

das hinnehmen. Daß die Katze mit ihrer rauhen Zunge und ihren Nadelspitzen Zähnen ihrem Menschen weh tut und ihm durch das wohlige Treteln in die Oberschenkel tiefe Kratzer zufügt, kann die Katze gar nicht wissen. In solchen Fällen greifen Sie am besten zu Tricks, indem Sie die Zunge in Richtung Handfläche leiten, einem Biß durch Ablenkung entgehen, eine Decke über die Schenkel legen. Ein Zurückstoßen wirkt auf Ihren kleinen Liebling wie ein Affront und kann zu tagelangem Schmollen führen.

# Die Scheue

Schlechte Erfahrungen mit Menschen, eine Kindheit ohne menschliche Zuwendung, ein Schreck oder Schock sind die häufigsten Ursachen für Fremdeln bei Katzen. Sie verschwinden bei jeder Annäherung unter dem Schrank und sind durch nichts herauszulocken. In die Enge getrieben, wehren sie sich entweder heftig gegen die menschliche Hand, oder sie verfallen in eine schockähnliche Starre. Die meisten Besitzer tun genau das Falsche: Sie versuchen, das Tier aus der Reserve zu locken, indem sie Futter anbieten oder sich zum Schlupfwinkel hinunterbeugen. Oder sie fangen es und zwingen es auf den Schoß.

*Versuchen Sie eine scheue Katze nie aus ihrem Versteck zu locken, sonst gewinnen Sie niemals ihr Vertrauen*

Eine scheue oder ängstliche Katze erfordert unendlich viel Geduld. In den ersten Tagen sollten Sie keinerlei Annäherungsversuche unternehmen. Lassen Sie das Tier in einem Raum, in dem es sich unter oder in etwas fliehen kann, wo es sich sicher fühlt. Bieten Sie einen solchen Höhlenkorb in einem geschützten Winkel an. Stellen Sie Futter, Wasser und die Toilette ganz in der Nähe des Zufluchtsortes auf, und verlassen Sie das Zimmer für ein paar Stunden. Während dieser Zeit kann die Kleine ein bißchen aufatmen, sich ohne Panik orientieren, sich sättigen und die Toilette aufsuchen. Nach dieser Ruhephase betreten Sie dann das Zimmer und machen es sich gemütlich. Wichtig ist dabei, daß niemand anderes hereinstürmt, daß kein Lärm oder andere Beunruhigungen das Tier in Aufregung versetzen. Sprechen Sie Ihren Neuling nicht an, sondern beschäftigen Sie sich mehrere Stunden in

dem Raum, und gehen Sie dann wieder hinaus. Wenn es möglich ist, sollten Sie die Nacht dort verbringen. Nichts beruhigt Katzen mehr als gleichmäßige Atemzüge eines schlafenden Menschen. Früher oder später siegen Neugier und Bewegungstrieb über die Angst, und das Tier wird sich aus seinem Versteck herauswagen – immer ein Auge und ein Ohr auf Sie gerichtet. Versuchen Sie jetzt keinesfalls, es zu streicheln oder gar zu greifen, sondern bleiben Sie bei Ihrer momentanen Beschäftigung. Sprechen dürfen Sie mit der Katze, aufmunternd, nicht beruhigend. Aber warten Sie unbedingt, bis sie sich Ihnen von selbst nähert.

Es kann Tage, in besonders krassen Fällen sogar einige Wochen dauern, bis Ihr kleiner Angsthase ein wenig auftaut und nicht mehr in panischer Reaktion sein Heil in der Flucht sucht, sobald sich ein Mensch zeigt. In all diesen Wochen kann jeder Schreck, Schmerz oder Schock zu einem bösen Rückfall führen. Bitten Sie deshalb Ihre Angehörigen, das Zimmer, in dem Ihr scheuer Vierbeiner wohnt, nicht zu betreten.

Die erste entscheidende Hürde haben Sie genommen, sobald das Tier sich nicht mehr stören läßt, wenn Sie in das Zimmer kommen, sondern zum Beispiel weiterfrißt. Als nächstes dürfen Sie die Katze wahrscheinlich im Vorübergehen streicheln, und sie sucht sich nachts einen Platz am Fußende des Bettes. Je behutsamer Sie vorgehen, desto schneller baut sich ein Vertrauensverhältnis auf. Warten Sie auch danach noch einige Tage, bevor Sie das Tier mit der restlichen Wohnung und mit anderen Menschen konfrontieren.

Bei hartnäckig scheuen Katzen, die auch nach 1 Monat noch keine Anzeichen von Entgegenkommen zeigen, kann ein sehr menschenbezogenes Jungkätzchen Wunder wirken. Denn es demonstriert ja ständig, daß man Menschen nicht zu fürchten braucht. Wahrscheinlich schließt das Alttier sich dem jüngeren sehr schnell an. Geben Sie dann Belohnungen aus der Hand. Zuerst wird nur der zahme Vierbeiner sie nehmen, bis Futterneid auch den Angsthasen seine Hemmungen überwinden läßt.

# Die Nervtöterin

Nachgiebigkeit der Menschen und gähnende Langeweile sind die Ursachen für nervenzermürbende Tyrannei einer Katze. Als ursprünglich sehr selbständiges Wesen schließt sie sich dem Menschen normalerweise nicht so intensiv an, daß er es als lästig empfindet. Sie lernt es erst – weil sie in ihrer Umgebung keinerlei Anregungen findet und sich deshalb voll und ganz auf den Menschen konzentriert, oder weil sie schnell gemerkt hat, daß sie ihren Kopf durchsetzen kann.

Zu den bekanntesten Untugenden gehört das Wecken bei Sonnenaufgang, auch wenn es erst 4 Uhr morgens ist, das nächtliche Toben, das Apportieren von Stoffmäusen ins Bett oder das unermüdliche Kratzen an Türen. Für den Etappenschläfer Katze ist es normal, nachts aufzuwachen und Rundgänge zu unternehmen oder auch zu spielen. Was liegt also näher, als Sie zu wecken und mitspielen zu lassen? Oder Sie wenigstens als Zuschauer zu haben bzw. Sie zum Türenöffnen oder Futterholen zu veranlassen?
Wenn Sie auch nur einmal nachgeben, haben Sie verloren, und Sie können bald keine Nacht mehr durchschlafen. Die einzige Möglichkeit, solche Launen im Keim zu ersticken, besteht darin, von Anfang an nicht darauf zu reagieren. Wenn Sie das Tier auf der Bettdecke spüren oder sein Jammergeschrei hören, weil es Hunger simuliert, bleiben Sie liegen. Atmen Sie so gleichmäßig wie möglich (Katzen unterscheiden wache und schlafende Menschen sehr gut), rühren Sie sich nicht, und reden Sie keinesfalls mit Ihrem Vierbeiner. Wenn Sie durchhalten, hat der Spuk nach spätestens 1 Stunde ein Ende. Obwohl keine Katze verhungert, wenn sie nachts nichts zu fressen hat, können Sie das eigene Gewissen beruhigen, indem Sie eine Schale mit Trockenfutter an den gewohnten Platz stellen.
Auch das Raus-rein-Spiel kann Katzenfreunde zu Nervenbündeln machen. Dabei will die Katze erst bei der Veranda – oder die Haustür hinaus, ist aber wenige Minuten später zurück und möchte nun wieder hereingelassen werden. Nach kurzer Zeit beginnt das Spiel von vorn. Am besten schafft man hier Abhilfe durch eine Katzentür. Wo sie nicht möglich ist, führen Sie von Anfang an feste Ausgehzeiten ein. Ihr Tier darf jeden Tag um dieselbe Zeit hinaus (wenn es will), aber weder vorher noch nachher. Und zu einem bestimmten Zeitpunkt rufen Sie es wieder. Wegen ihres guten Zeitgefühls gewöhnen sich alle Katzen innerhalb weniger Tage an diesen Rhythmus.
Schwieriger wird es für Sie sein, Ihrem Stubentiger abzugewöhnen, daß er sich stets da hinsetzt, wo Sie gerade arbeiten, sei es auf den Schreibtisch, auf das Bügelbrett oder auf den Schoß, wenn Sie nähen oder stricken. Die Absicht ist klar – Ihre Katze sucht Zuwendung und Aufmerksamkeit. Wenn Sie dieses Verhalten abstellen wollen, ohne daß das Tier schmollt, müssen Sie vorsichtig zu Werke gehen. Führen Sie ein, mit Ihrem Vierbeiner eine kurze Weile zu spielen, und ihn ein paar Minuten zu streicheln, bevor Sie mit Ihrer Tätigkeit beginnen. Jedesmal, wenn die Katze Sie laut schnurrend unterbricht, setzen Sie sie weich, aber unnachgiebig auf den Boden. Das wird ihr schnell langweilig, und sie sucht sich ein interessanteres Objekt. Wenn Sie berufstätig und nicht allzuoft zu Hause sind und Ihr Stubentiger keinen freien Auslauf hat, müssen Sie unbedingt für viel Abwechslung in seinem Leben sorgen – am besten mit einem Artgenossen. Denn sonst kommt das Tier zu kurz und muß zwangsläufig Verhaltensstörungen entwickeln.

Die Unart, bei Tisch lästig zu werden, können Sie Ihrer Katze am besten dadurch abgewöhnen, daß Sie das Tier einfach ignorieren

Der „Gästetyrann" kommt bei Katzen auch vor, allerdings nicht so häufig wie bei Hunden. Manche Katzen zieht jeder neue Mensch unwiderstehlich an, und sie verfolgen ihn regelrecht. Sie setzen sich auf seinen Schoß, auch am Eßtisch, verlangen miauend Streicheleinheiten, spielen mit den Knöpfen der Jacke oder ziehen verspielt Laufmaschen in die Strümpfe – tun also auch vieles, was sie beim eigenen Menschen nicht wagen. Aussperren bewirkt nur ein lautes Schimpfen oder ein Scharren an der Tür. Solche Tiere wollen ewiger Mittelpunkt sein und können es einfach nicht ertragen, wenn ihr Mensch sich um etwas anderes kümmert als um sie. Deshalb wirkt dagegen einzig und allein ein Nichtbeachten, bei dem der Gast natürlich mitspielen muß. Die Katze trollt sich dann schnell. Auch hier gilt wieder: Gegenmaßnahmen helfen nur, wenn Ihr Vierbeiner sonst viele Anregungen hat, sich austoben kann und Sie ihm genügend Zeit widmen.

## Das ewige Baby

Einige für Katzenkinder typische Verhaltensweisen verschwinden normalerweise im Laufe des 2. Lebensjahres. Doch manches Tier behält die Babygewohnheiten bei. Es klettert zum Beispiel auf einen Schrank und schreit so lange von oben, bis ein Mensch sich seiner erbarmt und es herunterholt. Gegenmaßnahme: Ein einziges Mal hart bleiben und der Katze die Möglichkeit geben, sich selbst zu helfen. Auch das Nuckeln an Knöpfen, das Saugen am Finger und das Treteln beim Gestreicheltwerden sind solche Überbleibsel aus der Kindheit. Wer sie nicht vertragen kann, tut gut daran, seinen Stubentiger energisch auf den Boden zu setzen (so wie die Katzenmutter sich die Kleinen vom Leibe

hält). Schädlich für das Tier sind diese Verhaltensweisen nicht, im Gegensatz zum Stofffressen, bei dem die Experten sich allerdings noch nicht einig sind, ob es nicht eine Ersatzhandlung für das Saugen darstellt. Es gibt Katzen, die Wollstückchen regelrecht verschlingen, nicht einmal beim eigenen Körbchen davor haltmachen, Fetzen für Fetzen herauszubeißen. Natürlich schadet das Fressen von Stoffen auf Dauer der Gesundheit, und in schweren Fällen müssen Sie etwas unternehmen. Entweder Sie geben Ihrem Vierbeiner festgewebte glatte Stoffe, die den Zähnen keine Angriffsfläche bieten, oder Sie lenken ihn auf Ersatzobjekte wie die Plüschmaus um, deren Fell fast unzerreißbar ist. Bewährt hat sich auch das zusätzliche Angebot von faserreicher Nahrung sowie ein extra Katzengrastopf. Weil sich Katzen, die das Fell eines Beutetieres vermissen, möglicherweise auf Wolle stürzen, helfen eventuell auch (gekochte) Kalbsschwanzknorpel oder im Fachhandel erhältliche Kausticks.

# Die Streunerin

Eine Katze, die einmal Freiheit geschnuppert hat, wird zeit ihres Lebens hinauswollen. Zum Streuner entwickelt sie sich erst, wenn sie eine zweite Heimat gefunden hat, wo ihr Futter, Abwechslung, vielleicht auch ein warmes Bett geboten wird, oder wenn sie sich ständig aus dem eigenen Revier vertrieben sieht und auf ein Ersatzterritorium ausweichen muß. Unkastrierte Tiere wandern weiter und häufiger als Kastraten. Deshalb ist die erste Gegenmaßnahme gegen das Streunen die Kastration. Wenn sich dadurch nichts ändert, sollte man über eine Nachricht am Flohhalsband versuchen herauszufinden, ob man sich seinen Vierbeiner mit einem anderen Menschen teilt. Das ist gar nicht so selten. Schreiben Sie einen kleinen Zettel, auf dem Sie den „Finder" bitten, sich bei Ihnen zu melden. Geschieht auch daraufhin nichts, lassen Sie Ihre Katze nur noch hinaus, wenn sie vorher nichts gefressen hat. Denn der Hunger treibt sie dann todsicher wieder zurück, und sie wird ihre Streifzüge abkürzen.

*Nicht jede Katze, die Freiheit gewohnt ist, wird dadurch gleich zur Streunerin*

# Die Kratzbaumverweigerin

Der falsche Ort oder der falsche Baum verführt Katzen dazu, sich statt am gewünschten Platz irgendwo in der Wohnung die Krallen zu schärfen. Hat sie das bereits getan, so läßt sie sich nur sehr schwer wieder auf den rechten Weg zwingen. Schließlich geht es ihr ja nicht nur ums Krallenwetzen, sondern vor allem darum, eine Etappe ihres Trampelpfades durch die Wohnung zu markieren. Dabei ist es nur natürlich, wenn sie das schönste Sisalbrett nicht beachtet, weil es nicht auf ihrem Weg liegt, während das Sofa direkt ihren Pfad kreuzt. Dem Möbelkratzen vorzubeugen ist sehr leicht: Stellen Sie den Kratzbaum auf dem Weg vom Schlaf- zu einem Aussichts- oder dem Futterplatz auf. Und wechseln Sie nie den ganzen Baum aus, sondern nur zerschlissene Teile, so daß der gewohnte Geruch die Katze auch weiterhin anlockt. Wollen Sie den alten Platz durch einen neuen ersetzen, gibt es mehrere Möglichkeiten:

- Verlegen Sie die gewohnten Katzenschlafplätze so, daß der Kratzbaum da in direkter Nähe steht, wo das Tier am liebsten und am längsten schläft.
- Stellen Sie den Kratzbaum da auf, wo die Katze bisher an der Couch gekratzt hat, und verrücken Sie dafür die Couch ein Stückchen.
- Decken Sie die Wetzstelle an Couch, Sessel oder Teppich am besten durch eine lose Plastik- oder Alufolie ab, die Katzenkrallen ein Graus ist. Gleichzeitig bieten Sie ganz in der Nähe Ersatz an. Erst, wenn dieser akzeptiert ist, entfernen Sie die Abdeckung wieder.
- Nageln Sie da, wo die Katze bisher ihre Krallen geschärft hat, ein Stück rauhen Stoff auf.
- Funktionieren Sie den ohnehin zerfetzten Sessel zum Kratzbaum um, und rücken Sie ihn (täglich nur um wenige Zentimeter) in eine Ecke.

Zum Markieren mit den Krallen genügt der Katze schon ein schmales Brettchen oder ein Stück Stoff, das auf jedem Trampelpfad Platz finden kann. Das ist wichtig, denn das tägliche energische Krallenwetzen stärkt Selbstbewußtsein und innere Zufriedenheit.

*Wenn Ihre Stuhlbeine nicht auch einaml so aussehen sollen, müssen Sie den Kratzbaum richtig postieren*

# Richtiges Verhalten in besonderen Situationen

# Was tun, wenn die Katze entlaufen ist?

Unter den vermißten Katzen stehen die nichtkastrierten an erster Stelle. Ihnen folgen die Jungtiere von bis zu 1 Jahr, denen sich reine Wohnungskatzen anschließen. Nur relativ selten verschwinden ältere Kastraten mit freiem Auslauf. Das hat seine guten Gründe.
Als ausgesprochen ortstreues Tier mit starkem Revierbewußtsein entläuft eine Katze so gut wie nie, außer sie versucht unmittelbar nach einem Umzug, ihre alte Heimat wiederzufinden. Alle anderen, die als vermißt gemeldet werden, würden wieder zurückkommen, wenn sie das könnten; denken Sie daran, wenn Sie Ihren verschwundenen Vierbeiner suchen.
Versetzen Sie sich zunächst in dessen Situation: Ein potenter Kater neigt dazu, in Vollmondnächten auf den Spuren seiner Braut zu wandeln und sich Schlägereien mit Konkurrenten zu liefern.

*Dieses Kätzchen hat sich verlaufen und schreit voller Angst um Hilfe*

Weil er sehr große Territorien durchstreift, kann er vielleicht von einem Unwetter überrascht worden sein. Möglicherweise hat ihn auch eine rollige Kätzin kilometerweit weggelockt, ohne daß er sie erobern konnte. Dann dauert es unter Umständen ein gute Woche, bis er wieder auftaucht. Umgekehrt suchen sich viele rollige Kätzinnen einen entfernten Platz für die Hochzeitsnacht, um möglichst viele unbekannte Kater gleichsam zu testen. Auch bei ihnen müssen Sie sich erst nach 10 Tagen wirklich Sorgen machen.
Kastrierte Tiere, die schon immer Freilauf hatten und bisher regelmäßig nach Hause gekommen sind, wurden sicher daran gehindert. Vielleicht waren sie in einen Verkehrsunfall verwickelt oder wurden in einem Keller eingeschlossen. Möglicherweise hat auch ein Mensch sie als herrenlos aufgelesen und mitgenommen. Es ist sogar schon passiert, daß eine neugierige Katze in einen Lastwagen geklettert und mit dem Gefährt verschwunden ist.
Jungkätzchen dagegen verlaufen sich tatsächlich. Sie entfernen sich im Spiel- oder Jagdeifer manchmal zu weit vom Zuhause, werden von einem Hund oder einer anderen vermeintlichen Gefahr verjagt und finden den Weg zurück nicht mehr. Ähnlich ergeht es vielen Wohnungskatzen, die durch die Haustür entschlüpft, vom Balkon gesprungen oder auch vom Fenstersims gefallen sind. Sie landen buchstäblich in einer ihnen

absolut fremden Welt und sind nun weitgehend orientierungslos.
Weil niemand davor gefeit ist, daß sein kleiner Liebling eines Tages verschwindet, sollten Sie Vorsorge treffen. Ein gekennzeichnetes Tier hat größere Chancen, wiedergefunden zu werden, als ein nicht markiertes. Beim Tierarzt können Sie Ihre Katze entweder im Ohr tätowieren oder ihr einen Mikrochip unter die Haut pflanzen lassen (s. S.70). Die Tätowierungs- oder die Codenummer melden Sie beim Tierheim und bei den Suchdiensten der Tierschutzorganisationen. Außerdem sollte sie natürlich bei den Papieren Ihres Tieres liegen bzw. im Impfpaß eingetragen sein. Zusätzlich fertigen Sie einige „Paßfotos" von Ihrem Stubentiger an, am besten ein Kopf-, ein Ganzkörper- und ein Seitenbild, und legen sie ebenfalls zu den Papieren. Wenn Ihre Katze ein Floh- oder Leinenhalsband trägt, können Sie darauf auch Ihre Adresse und Telefonnummer vermerken.
Im Ernstfall sollte auch ständig jemand bei Ihnen zu Hause sein, wenn Sie selbst auf die Suche gehen, damit ein Finder sich telefonisch oder persönlich melden kann und auch die Katze, falls sie schließlich doch von selbst kommt, offene Türen vorfindet.
Suchen Sie immer nur nachts, am besten zwischen Mitternacht und dem Morgengrauen, wenn die normalen Verkehrsgeräusche wegfallen und weniger Menschen auf der Straße sind. Und machen sie sich eines klar: Auch der zahmste Vierbeiner benimmt sich draußen anders. Erst recht, wenn er erschreckt oder verletzt wurde, schon längere Zeit vermißt ist oder eine Wohnungskatze war. Erwarten Sie also nicht, daß Ihnen auf Ihr Rufen hin eine glückliche Katze entgegenspringt. Vielleicht hört sie Sie ja, wagt sich aber nicht aus der Deckung, oder sie kann es nicht. Suchen Sie immer allein, auch ohne Kinder und hilfsbereite Nachbarn, denn je mehr Menschen durcheinanderrufen, desto geringer werden die Chancen, daß das Tier sich meldet.
Verzichten Sie auch auf einen Katzen- oder Hundebegleiter, der Ihre Katze im Zweifelsfall noch mehr erschreckt.
Gehen Sie beim Suchen immer nur ein paar Meter, bleiben Sie dann stehen, rufen Sie Ihre Katze, und warten Sie eine Minute, bevor Sie wieder einige Schritte tun. Falls sie in der Nähe ist, hört sie zwar sofort Ihre Stimme, aber sie braucht eine Zeit, bis sie sich vorwärts traut. Vielleicht antwortet sie aber auch. Wenn Sie dann gerade stehen, werden Sie selbst einen leisen Ruf hören.
Beschränken Sie Ihre Suche auf die nächste Umgebung. Statistiken beweisen eindeutig, daß zwei Drittel der vermißten Tiere sich nur wenige hundert Meter vom Zuhause entfernt hatten.
Weil jede Katze sich verkriecht, wenn sie Angst hat, und bei einer Bedrohung entweder nach oben oder in eine Höhle flieht, konzentrieren Sie Ihr Suchen auf solche Unterschlupfplätze, die möglicherweise zum Gefängnis für Ihren Stubentiger geworden sind. Müllcontainer, Schuppen, Garagen, Keller, Dachböden, auf dem Land auch Scheunen, Silos und landwirtschaftliche Maschinen

sind beliebte Verstecke. Auf Baustellen stehen ebenfalls viele Fahrzeuge und Behelfshäuschen, die tagsüber offen, nachts aber geschlossen sind. Gartenhäuschen in nur sporadisch besuchten Schrebergärten können ebenso zur Katzenfalle werden.
Erkundigen Sie sich bei den Hausmeistern und den Anwohnern Ihrer Umgebung, ob eine Familie vielleicht gerade in Urlaub gefahren oder umgezogen ist. Oft steht dann eine Wohnung länger offen, und möglicherweise hat die Neugier Ihre Katze da hineingetrieben.
Benachrichtigen Sie alle Personen, die regelmäßig durch das Katzenrevier kommen, wie Zeitungsausträger und Postboten, und bitten Sie sie, die Augen offenzuhalten. Verteilen Sie Fotos Ihres Tieres, weil ein Bild besser ist als jede mündliche Beschreibung. Wichtig ist auch, daß Sie die Polizei und den örtlichen Förster bzw. Jagdpächter informieren und um Benachrichtigung ersuchen, wenn eine verletzte oder tote Katze gefunden wird.
Anzeigen in Lokalblättern und der Tageszeitung, eventuell auch Meldungen über private Radio- oder Fernsehstationen, helfen vor allem dann, wenn Ihr Vierbeiner jemandem zugelaufen ist. Telefonisch sollten Sie eine Vermißtenmeldung an die Tierschutzorganisation geben, außerdem an den Tierschutzverein Ihres Ortes und an den lokalen Katzenschutzverein. Parallel dazu gehen Sie aufmerksam alle Fundmeldungen durch und überzeugen sich in Zweifelsfällen selbst, ob es sich bei dem Findling um Ihre vermißte Katze handelt.

*Solche „Paßbilder" einer Katze sind für alle, die die Ausreißerin nicht kennen, bei der Suche nach dem entlaufenen Tier sehr hilfreich*

Wenn es bei Ihnen in der Nähe ein Tierheim gibt, schauen Sie sich selbst die eingelieferten Katzen an, und fragen Sie auch nach einer Kranken- bzw. Verletztenstation. Das gleiche gilt für Tierkliniken und Tierärzte in Ihrer Nähe. Bitten Sie um Benachrichtigung, wenn eine herrenlose verletzte Katze gebracht wird. Neben den Suchanzeigen in Zeitungen können Sie auch selbst Suchzettel fertigen: mit einem kopierten Foto Ihres Ausreißers, einer genauen Beschreibung, dem Namen des Tieres, Ihrer vollen Anschrift und der Telefonnummer, die Sie am besten mehrfach zum Abreißen auf den Suchzettel schreiben. Gute Pinnwände für solche Anschläge sind Tierarztwartezimmer, Bushaltestellen, Schulen, Kirchen und der nächstgelegene Supermarkt – also Orte mit viel Publikumsverkehr. Bewährt hat es sich, eine Belohnung für den Finder oder für entscheidende Hinweise auszusetzen. Denn wenn das Tier tatsächlich als vermeintlicher Findling bei einer mitleidigen Familie lebt, läßt diese sich vielleicht durch die Belohnung überzeugen, daß Ihnen wirklich etwas an der Katze liegt. Auch Tierhändler schreckt man damit ab, wenn sie merken, daß nach dem Ausreißer intensiv und ohne Scheu vor Kosten gesucht wird.

Als letzte traurige Möglichkeit bleibt Ihnen, wenn sich nach wochenlanger gründlicher Suche immer noch keine Spur von dem Tier gezeigt hat, nur der Weg zum Abdecker bzw. zur Tierkörperbeseitigungsanstalt, wohin die Straßenreinigung und die Polizei überfahrene Katzen bringen.

# Urlaub mit oder ohne Katze?

Wenn Sie nur für 1 oder 2 Tage verreisen, können Sie jede Katze problemlos allein lassen. Sie muß nur zu den gewohnten Zeiten ihr Fressen haben und, als Freilaufkatze, aus- und eingehen können.

Bleiben Sie für längere Zeit weg, kann das Tier entweder im gewohnten Zuhause bleiben – wobei für die regelmäßige Futtergabe, für eine immer frisch gemachte Toilette und auch für Ansprache gesorgt sein muß –, oder Sie geben es an einen Pflegeplatz. Die dritte Möglichkeit: Sie nehmen es mit.

Am weitaus häufigsten lassen die Katzenbesitzer ihre Tiere zu Hause. Bekannte, Freunde, Nachbarn oder Tiersitter kümmern sich dann um die Daheimgebliebenen. Solche Tiersitter finden Sie entweder bei Ihrem örtlichen Tierheim, den Katzenschutzorganisationen oder über ein Zeitungsinserat. Auch im Branchenfernsprechbuch und beim Zoofachhandel gibt es solche Adressen.

Neben Sitten auf Gegenseitigkeit bieten manche Katzenpfleger ihre Dienste auch gegen ein Entgelt an.

Gleichgültig, wer Ihren Vierbeiner beaufsichtigt, Sie müssen Vorbereitungen treffen. Sorgen Sie dafür, daß das Tier seinen Betreuer vorher kennenlernt. Kaufen Sie Futter, Streu und notwendiges Zubehör auf Vorrat, damit der Pfleger nicht in Schwierigkeiten kommt. Legen Sie ein kleines Merkbuch an, in dem Sie Futterzeiten und -mengen aufführen, Instruktionen für das Wechseln der Katzentoilette geben und über die wichtigsten Angewohnheiten Ihres Stubentigers informieren. Außerdem sollten darin Telefonnummer und Anschrift Ihres Haustierarztes und der örtlichen Tierklinik stehen. Auf keinen Fall dürfen Sie vergessen, Ihre Urlaubsanschrift zu hinterlassen. Ebenso nützlich ist es, jemanden anzugeben, der Sie und Ihre Katze sehr genau kennt. Legen Sie zu diesen Notizen dem Impfpaß des Tiers sowie seine Tätowierungs- oder Chipnummer.
Wenn Sie den Catsitter noch nicht kennen, lassen Sie ihn 1 oder 2 Tage unter Ihrer Aufsicht sitten. Bei dieser Gelegenheit kann man dann leicht in der Praxis auftretende Fragen klären.

Sind Sie länger abwesend, sollten auch Freilaufkatzen nicht nach draußen dürfen, da sie möglicherweise beim Heimkommen die Türe versperrt finden oder sich einen neuen Platz suchen, weil zu Hause niemand ist, der sie streichelt. Denn auch der beste Catsitter kann Ihre Anwesenheit nicht ersetzen.

Geben Sie das Tier lieber zu einem Catsitter oder zu Freunden, so ist Vorsicht geboten, wenn dort bereits eine Katze lebt. So leicht gewöhnt man zwei fremde Tiere nicht aneinander, und das Zusammenleben auf Zeit kann mit einem Fiasko enden. Nur falls Ihr Stubentiger äußerst verträglich ist oder seine Artgenossin schon kennt, können Sie das Experiment wagen. Dann sollte Ihre Katze aber auch auf jeden Fall schon einige Tage vor Ihrer Abreise übersiedeln, damit Sie im Notfall nach einer neuen Lösung suchen können.

Auch die Pflegefamilie muß genau über die Futter- und Toilettengewohnheiten, über Vorlieben und Schwächen Ihres Tieres informiert sein. Und sie braucht Notfalladressen, den Impfpaß sowie die Kennummer des Pfleglings.

Wenn die Katze die Ferien in einer Pension verbringen soll, müssen Sie sie frühzeitig dort anmelden. Denn gute Pensionsplätze sind in der Regel Mangelware und schon zu Anfang einer Saison restlos ausgebucht. Die Adressen solcher Ferienunterkünfte finden Sie im Branchenfernsprechbuch, oder Sie erhalten sie über Tierarzt, Zoohändler und Katzen- bzw. Tierschutzorganisationen. Manchen Tierheime bieten sich ebenfalls als Pensionen an. Weil in einem solchen Katzenhotel immer mehrere Tiere untergebracht sind, legen gute Häuser Wert auf vollen Impfschutz und auf Bluttests ihrer Gäste. Erkundigen Sie sich also diesbezüglich rechtzeitig. Schauen Sie sich außerdem den Urlaubsplatz unbedingt vorher genau an. Und wieder gilt: Hinterlassen Sie ein Merkblatt mit allen Daten des Tieres, Ihrer Anschrift und der des behandelnden Tierarztes.

Wer seinen Liebling auch während des Urlaubs um sich haben will, sollte beden-

*Wenn Sie einen Campingurlaub machen, können Sie Ihren Stubentiger unbesorgt mitnehmen*

ken, daß sich keine Katze in einem Hotelzimmer wohl fühlt, in dem sie keinerlei Abwechslung geboten bekommt. Anders als einen Hund können Sie Ihren Stubentiger ja weder an den Strand noch auf eine Gebirgstour, weder auf eine Stadtrundfahrt noch in ein Restaurant mitnehmen. Es ist also mehr Ihr Egoismus und nicht so sehr die Sorge um das Wohlbefinden des Tieres, wenn Sie es bei einem normalen Urlaub mitschleppen.

Anders sieht es aus, wenn Sie mit einem Wohnmobil oder Campingwagen verreisen, wenn Sie bei Bekannten wohnen oder ein Appartement gebucht haben. Es gibt Katzen, die solche Ferien richtig genießen. Trotzdem – Vorsicht bei Freilauf. Ein Schreck kann aus Ihrem zahmen, verschmusten Kätzchen einen panisch reagierenden Flüchtling machen, der, da er sich in der Gegend nicht auskennt, verlorengeht. Wenn Sie mit dem eigenen Wagen reisen, sollte Ihr Vierbeiner während der Fahrt in einem Kennel untergebracht sein. Geben Sie ihm unmittelbar vor der Abreise nichts mehr zu fressen, damit ihm nicht übel wird. Bei Hitze müssen Sie unbedingt für Frischluftzufuhr durch ein einen Spalt geöffnetes Fenster sorgen bzw. die Klimaanlage im Auto einschalten. Bei jeder Rast muß die Katze grundsätzlich samt Kennel aus dem Wagen genommen werden, sonst droht ein Hitzschlag. Längere Fahrten sollten Sie unterbrechen, damit das Tier Wasser trinken und die Toilette aufsuchen kann. Kleine Reisetoiletten bietet der Fachhandel an.

Im Zug dürfen Katzen meistens als Handgepäck reisen, wenn sie im Kennel bleiben, ebenso auf Fähren. Nur wenn Sie fliegen wollen, müssen Sie vorher bei der Reisegesellschaft nachfragen, ob die Katze (im Kennel) mit in den Passagierraum darf oder ob sie als „Gepäck" behandelt wird. Der Aufenthalt in Frachträumen macht den sensiblen Tieren vielfach sehr zu schaffen, und Sie sollten dann doch noch einmal genau überlegen, ob Sie wirklich „mit" verreisen wollen.

Wenn Ihr Urlaubsort im Ausland liegt, informieren Sie sich mindestens 8 Wochen vor Urlaubsantritt über die Einreisevorschriften für Tiere. Liegen mehrere Grenzübergänge zwischen Heimat- und Zielort, brauchen Sie die Vorschriften aller Länder, die Sie passieren. Fast überall wird eine gültige Tollwutimpfung verlangt, die nicht weniger als 10 Tage und nicht mehr als 1 Jahr zurückliegen darf. In einigen Ländern müssen Sie ein tierärztliches, manchmal auch ein amtstierärztliches Gesundheitszeugnis vorle-

*Packen Sie den Katzenkoffer sehr sorgfältig, damit später nichts Wichtiges fehlt*

gen. Ohne die entsprechenden Papiere kann es Ihnen passieren, daß Sie an der Grenze abgewiesen werden bzw. man Sie nur ohne Tier durchläßt. In den USA, in Großbritannien und den angeschlossenen Commonwealth-Staaten (zum Beispiel auf Malta) sowie in einigen skandinavischen Ländern gilt eine Quarantäneregelung, die die Einreise unmöglich macht. Sie müßten Ihr Tier dann in einer amtlichen Quarantänestation lassen, und das 3 bis 6 Monate. Der Grund ist die Tollwutfreiheit in diesen Ländern, die durch ein Einreiseverbot verhindern wollen, daß der Erreger zufällig eingeschleppt wird.
Wenn Sie alle diese Hürden überwunden haben, gilt es, neben dem eigenen auch den Katzenkoffer zu packen. Vorräte des gewohnten Futters, zwei Näpfe, ein Trinkwasservorrat für unterwegs, Streu, eine Reisetoilette, ein Halsband mit Namen und Anschrift (Heim- und Urlaubsadresse), ein Schlafkörbchen oder eine Decke, der Impfpaß, vielleicht noch Spielzeug, auf jeden Fall jedoch ein Ungezieferhalsband bzw. -puder und eine vom Tierarzt zusammengestellte Notfallapotheke gehören zur Reiseausrüstung. Erbitten Sie vom Fremdenverkehrsverein Ihres Urlaubsortes die Anschrift des dortigen Tierarztes, damit Sie diese im Notfall sofort parat haben.
Wenn Sie zurückkommen, sollten Sie Ihre Weitgereiste auf jeden Fall dem Tierarzt vorstellen, denn vor allem in südlichen Ländern gibt es Krankheitserreger, gegen die unsere heimischen Hauskatzen keine Abwehrstoffe haben.

# Der Umzug mit einer Katze

Jeder Umzug bedeutet für eine Katze, auch wenn sie mit ihrem Menschen sehr vertraut ist, einen Neuanfang, mit dem sie sich auseinandersetzen muß.
Am einfachsten ist der Wechsel von Wohnung zu Wohnung, etwas schwieriger ist es, eine Wohnungskatze mit einem neuen Zuhause mit Freilauf zu konfrontieren, und die schwierigste Aufgabe haben Besitzer, die Ihren bisherigen Freiläufer an ein Leben in engen vier Wänden gewöhnen wollen.
Mit den entsprechenden Vorbereitungen beginnen Sie am besten bereits bei

der Besichtigung des neuen Heims. Suchen Sie sofort ein Zimmer aus, das anfangs das Quartier Ihrer Katze werden soll. Es muß ausbruchssicher sein und sollte als erstes wenigstens im groben eingerichtet werden. Gleichzeitig gewöhnen Sie das Tier einige Wochen lang an den Aufenthalt in einem Transportkorb, damit es sich darin heimisch fühlen kann. Werfen Sie nicht alle ausgedienten Möbel weg, erst recht nicht das Katzenmobiliar. Einige vertraute Gegenstände braucht Ihre Mitbewohnerin im neuen Zuhause, damit sie sich nicht gar so verloren vorkommt.

Beim Packen sperren Sie die Katze weg. Ihre Neugier würde sie immer wieder dazu verführen, sich in einem der Umzugskartons zu verstecken. Setzen Sie sie am besten in ein schon leeres Zimmer, wohin Sie auch den Transportkorb, eine Toilette und eine Wasserschüssel stellen. Füttern Sie am Umzugstag nicht, denn die ungewohnte Aufregung schlägt sich schnell auf den Magen, und Erbrechen oder Durchfall könnte die Folge sein.

Wenn Ihr Tier Freiläufer ist, lassen Sie es am Umzugstag nicht mehr hinaus. Es spürt nämlich an Ihrer Ausstrahlung, daß etwas „im Gange" ist, und könnte zur gewohnten Zeit einfach nicht mehr auftauchen. Viele Katzen reagieren auch mit Wegbleiben auf den Möbelwagen vor der Tür und auf die Veränderungen in der halb ausgeräumten Wohnung.

Wenn alles im Umzugswagen verstaut ist, holen Sie Tier und Transportkorb, eine Katzentoilette und Futter- sowie Wasserschüssel in einen Raum und schließen diesen wieder ab.

Erst wenn Sie sich notdürftig eingerichtet haben und keine Türen oder Fenster mehr offenstehen, lassen Sie das Tier aus dem Kennel. Es wird entweder halb neugierig, halb ängstlich und geduckt herumlaufen und alles beschnuppern oder sofort unter einem Versteck verschwinden. Oder es kommt zu Ihnen und jammert. Beschäftigen Sie sich auf alle Fälle eine Weile mit ihm, und lassen Sie es die erste Nacht in einem gewohnten Bett in Ihrer Nähe verbringen.

Am Tag nach dem Umzug sollten Sie keine Katze allein lassen, sondern ihre Reaktion beobachten. Erfahrungsgemäß gewöhnen sich kastrierte Kater am schnellsten ein, während potente Tiere oft wie Tiger in einem Gittergehege ruhelos hin- und herlaufen und beim Ansprechen erschrecken. Andere verweigern das Fressen oder zeigen sich deutlich beleidigt, indem sie nicht mehr auf ihren Namen hören, sich abwenden, wenn man sie streicheln will, oder gar ihr neues Revier durch Markieren in Besitz nehmen und sich neben der Toilette verewigen. Bei 90 Prozent aller Katzen hören aber die Akklimatisierungsschwierigkeiten nach 2 Wochen auf. Während der Eingewöhnungsphase ist die menschliche Ansprache doppelt wichtig. Gehen Sie ruhig mit Ihrem Vierbeiner durch die Räume, lassen Sie ihn neue Möbelstücke begutachten, alte wiederfinden, und benehmen Sie sich so normal wie möglich. Denn jede Aufregung überträgt sich auf die sensiblen Tiere.

Wenn Sie von einer Wohnung in die andere gezogen sind, wird bald alles wieder beim alten sein. Ihre Katze gewöhnt sich schnell an den neuen Platz des (alten) Kratzbaumes, sie findet Futter- und Wassernapf und sucht wie früher ihre Toilette auf. In kürzester Zeit hat sie außerdem die besonders bequemen Ecken ihres neuen Heims entdeckt und wird sich nun hier häuslich einrichten.
Sind Sie von einer Wohnung in ein Haus mit Garten umgezogen, so müssen Sie vorsichtiger sein. Denn es gibt kaum noch Gegenden ohne Katzen, und die Ihre gilt bei den anderen als Eindringling. Warten Sie 1 oder 2 Wochen, bis Ihr Tier sich so weit eingewöhnen konnte, daß es sein altes Selbstbewußtsein wiedergefunden hat und von allein hinaus möchte. Gehen Sie auf jeden Fall mit, und beschränken Sie die ersten Ausflüge auf wenige Minuten in Ihrer Anwesenheit.
Erst wenn Sie merken, daß die Katze Sie draußen nicht mehr braucht, dürfen Sie ihr gestatten, allein auszugehen. Dabei kommt es unter Umständen zu Raufereien oder lautstarken Auseinandersetzungen mit Artgenossen aus der Nachbarschaft. Nach ein paar Wochen ist aber auch diese Phase vorbei – die Neue wurde bereits in den Clan aufgenommen.
Wenn Freilauf im alten Zuhause die Regel war und Ihre Katze auch jetzt wieder hinausdarf, müssen Sie auf jeden Fall ein paar Wochen warten, bevor Sie ihr den ersten Ausflug genehmigen. Sonst kann es passieren, daß sie für immer verschwindet, weil sie sich sofort auf den Rückweg ins alte Heim macht. Liegen alter und neuer Wohnsitz nah beieinander, wird Ihr Tier mit großer Wahrscheinlichkeit immer wieder zurück ins alte Revier wandern und nur zu den Futterzeiten nach Hause kommen. Sind Sie dagegen weiter weg übersiedelt, erobert ein Freiläufer das neue Revier mit der Zeit ohne Heimweh nach der alten Heimat. Auch hier müssen Sie einiger Auseinandersetzungen zwischen Ihrer Katze und den anderen gewärtig sein, die sich aber schnell legen.
Eine nervenaufreibende Strapaze steht Ihnen hingegen bevor, sobald Sie eine Freilaufkatze an ein Leben innerhalb der Wohnung gewöhnen wollen. Wenn Sie sehr an Ihrem Tier hängen, ist es wenigstens einen Versuch wert, doch mit relativ geringen Erfolgsaussichten. Je länger Ihr Vierbeiner ein freies Leben geführt hat, desto schwerer wird ihm die Umstellung fallen, und er wird immer wieder am Fenster kratzen, vor der Tür jammern und sichtlich unglücklich und unzufrieden sein. Tiere mit einer starken Bindung zum Besitzer gewöhnen sich aber allmählich an die Einschränkungen und entwickeln in der Folge sogar eine beinahe aufdringliche Anhänglichkeit.
Wer mehr als eine Katze hat, muß mit wesentlich weniger Problemen rechnen, denn fast immer erobern sie ihr neues Zuhause gemeinsam und führen dabei Scheingefechte um die besten Plätze durch – ein Ablenkungsmanöver, das Heimweh gar nicht erst aufkommen läßt.

# Die Katzenrassen

# Kurzer Überblick über die wichtigsten Rassen

Hier eine ausführliche Beschreibung aller anerkannten Rassen und ihrer Farbschläge zu geben, würde den Rahmen des Buches sprengen. Wenn Sie sich für Rassekatzen interessieren, sollten Sie eine der vielen Ausstellungen besuchen, die vor allem an Wochenenden überall veranstalten werden. Dort können Sie sich am besten ein umfassendes Bild von der ungeheuren Vielfalt der Rassen machen.
Die wichtigsten Rassen und ihre Merkmale:

## Perserkatzen

Die langhaarigsten Katzen sind die Perser, deren dichtes, seidiges Fell gute 10 cm lang werden kann. Eine dicke Halskrause verleiht diesen rundköpfigen Katzen mit der kurzen Stupsnase etwas Löwenähnliches. Ihre Augen schimmern in Smaragdgrün oder Kupfer- bzw. Orangerot. Der gedrungene Körper steht auf stämmigen Beinen mit runden großen Pfoten, die zwischen den Zehen Haarbüschel haben. Der kurze Schwanz ist buschig. Perserkatzen gibt es inzwischen in fast fünfzig verschiedenen Farben.
Diese Vielfalt wird ergänzt durch die Colourpointperserkatzen, die ein fast weißes Fell mit farbigen Abzeichen an den Beinen, am Schwanz und an den Ohren und eine gleichgefärbte Gesichtsmaske (Nase und Augenpartie sind gefärbt) zeigen. Colourpointperser haben blaue Augen und werden in 19 verschiedenen Farbspielarten gezüchtet, wobei die Farbe sich auf die Maske und die Abzeichen beschränkt.
Die Fellpflege bei diesen Langhaarkatzen ist Pflicht, denn sie sind nicht in der Lage, ihren Pelz allein zu putzen. Tägliches Kämmen und wöchentliches Bürsten verhindern ein Verfilzen des Fells.
Im Wesen sind die Perserkatzen ruhiger als unsere Hauskatzen, sie brauchen nicht unbedingt Freilauf und fordern ihre Menschen nicht laufend zum Spielen auf. Die Stimme ist sehr leise und angenehm. In der Familie freunden sie sich mit allen Mitbewohnern an. Sie sind auch untereinander sehr verträglich und lassen sich gut zu zweit oder zu dritt halten.

## Heilige Birma

Auf den ersten Blick gleicht diese Halblanghaarkatze einer Colourpointperser. Der Körper ist allerdings etwas schlanker, der Kopf nicht ganz so rund, die Nase länger. Zum eierschalenfarbenen bis goldgelben Fell kontrastiert die Maske, die es in allen Farben der Colourpointperser gibt. Schwanz, Ohren und Beine sind farbig, doch alle vier Füße reinweiß. Die Augen sind, wie bei allen Maskenkatzen, blau.
Birmakatzen bestechen durch ihr leises, sanftes Wesen und ihre Menschenbezogenheit. Das Fell braucht nicht so viel Pflege wie das der Perser, doch ohne Kamm und Bürste kommen Sie auch bei der Birma nicht aus.

## Türkische Van

Auch diese Halblanghaarkatze (die früher Ankarakatze oder Angora hieß) ist weiß, mit kastanienrotem Schwanz, roten Flecken im Gesicht und bernsteingelben Augen, die leicht schräg gestellt sind. Sie ist schwerer als die Heilige Birma und wirkt stämmiger. Der Kopf ist dreieckig, die Ohren sind groß.
Die Türkische Van hat ein sehr pflegeleichtes halblanges Fell. Man sagt ihr nach, daß sie gerne schwimmt und überhaupt nicht wasserscheu ist. Sie ist eigenständiger als Perser und Birma und fühlt sich in einer engen Wohnung nicht recht wohl.

## Türkisch Angora

Schneeweiß, ohne jede andere Färbung, waren auch die ersten Angorakatzen, die aus der Türkei zu uns kamen. Diese anmutige Schwester der Türkisch Van hat blaue oder orangefarbene bzw. verschiedenfarbige Augen und wird heute in vielen Farbschlägen gezüchtet. Sie hat seidenweiches, immer metallisch schimmerndes Fell und einen manchmal über dem Rücken getragenen vollbehaarten Schwanz. Haarbüschel auf den Ohren und der seidige Kragen um den Nacken verleihen ihr etwas Feenhaftes.

Die Türkisch Angora ist eine zärtliche Katze, unter den halblanghaarigen eine der sensibelsten, dafür mit pflegeleichtem Fell.

## Maine Coon

Eine der größten Rassekatzen kommt aus den USA. Die sehr kräftige, voluminöse Maine Coon ist ein Halblanghaar mit Charakterkopf, Stiernacken und energischem Kinn. Die großen Ohren tragen Haarbüschel, durch die riesigen runden Augen erhält das Gesicht etwas Eulenhaftes. Der lange Schwanz sollte wehendes Fell zeigen. Auffällig ist der Fellwechsel: Im Winter trägt die Maine Coon einen dichteren Pelz mit dichter Halskrause, im Sommer ist das Haar lichter.

Maine-Coon-Katzen sind keine idealen Wohnungskatzen, sie lieben das Leben an der frischen Luft, sind perfekte Ratten- und Mäusefänger. Sie schmusen zwar gerne, verschenken ihre Freundschaft aber nicht um jeden Preis und konzentrieren ihre Zuneigung in der Familie oft nur auf einen Menschen.

## Norwegische Waldkatze

Etwas zierlicher als die Maine Coon, gleicht diese Halblanghaarkatze ihrer amerikanischen Cousine sonst sehr. Sie ist zwar hochbeiniger und schlanker, zeigt aber auch den charakteristischen Halskragen und die Haarbüschel auf den Ohren. Wie die Maine Coon, wird auch sie in den verschiedensten Farben gezüchtet.

Die Norwegische Waldkatze ist eine sehr zärtlichkeitsliebende Gefährtin mit feiner Stimme und ruhigem Wesen.

## Somalikatze

Das Agoutifell ist das auffälligste Merkmal dieser Halblanghaarkatze: Jedes einzelne Haar zeigt Wildfärbung – es ist braun, rot und blau mit schwarzen Bändern. Die Augen sind bernsteingelb oder grün und dunkel umrandet. Die Somali ist schlank, steht auf hohen Beinen und wirkt deshalb zierlich. Die großen Ohren tragen zu den Haarbüscheln auch den Wildfleck am Außenohr. Das Fell ist außerordentlich dicht und fein.

Somalis haben das Temperament einer Kurzhaarkatze und brauchen Bewegungsspielraum. Sie sind sehr menschenfreundlich, zwischendurch aber auch eigenbrötlerisch, spielen jedoch gerne und viel. Die Stimme ist leise und wird nicht oft eingesetzt.

## Exotic Kurzhaar

Eine Perserkatze mit kurzen Haaren könnte man die Exotin nennen, deren Figur, Kopf und Beine denen der Perser gleichen. Die rundliche Kurzhaarkatze hat ein Stupsnäschen, kleine Ohren und riesige runde leuchtende Augen. Das kurze dichte Fell ist plüschartig.

Diese stämmigen Exoten sind nicht ganz so sanft wie ihre langhaarigen Pendants, aber friedfertig und gutmütig. Sie verstehen sich prächtig untereinander und mit anderen Tieren.

## Balinese

Wie die Javanese eine halblanghaarige Orientalin ist, so ist die Balinese eine Siamkatze mit längeren Haaren. Auch sie ist sehr schlank, hochbeinig, mit großen Ohren. Das Fell glänzt weiß, Kopf, Schwanz und Beine haben farbige Abzeichen.

Die Balinese ist ebenfalls eine Katze voller Temperament, und sie will ihren Menschen (oder auch einen gleichwertigen Ersatz) den ganzen Tag um sich haben.

## Javanese oder Orientalisch Langhaar

Eine relativ junge Katzenrasse, die in sich das Temperament der Orientalen und die Sanftmut der Langhaarkatzen vereinigt. Sehr schlank, mit hohen Beinen, einem schmalen Schädel und langem dünnen Schwanz. Die Augen sind gelb bis grün.
Für eine Halblanghaarkatze ist sie äußerst temperamentvoll, spielfreudig und sehr anhänglich. Man kann sie also nicht allein lassen. Bei Berufstätigen empfiehlt sich ein Katzenpartner.

## Britisch-Kurzhaar und Kartäuser

Die berühmteste und beliebteste Britin ist ganz sicher die Blaue, die heute in Standard und Wesen exakt der Kartäuser gleicht: mit ihrem runden massiven Kopf, den Kulleraugen und der kompakten Figur. Sie werden in allen Perserfarben gezüchtet.
Wie alle Briten ist diese Katze selbständig, geht gerne ihre eigenen Wege, bleibt aber ihrer Familie treu verbunden. Sie liebt Streifzüge im Freien und braucht als Wohnungskatze einen Spielersatz. Beim Jagen ist sie nicht zimperlich und langt kräftig zu. Sie gehört zu den idealen Familienkatzen, die Kindern in jedem Alter zugetan sind und Temperamentsausbrüche der Kleinen nicht übelnehmen.

## Russisch-Blau

Im Körperbau ist diese Katze zierlicher als die Kartäuser, sie hat schmale lange Beine und große Ohren. Ihre Besonderheit ist das doppelte Fell, das plüschartig steht, also nicht, wie bei anderen Rassen, am Körper anliegt. Die Russisch-Blau ist immer blaugrau mit Silberschimmer, die Augenfarbe ist Grün.

Was die Kartäuser den Liebhabern der etwas gemütlicheren Katzen, das ist die Russisch-Blau den Anhängern der Sensibelchen.

## Europäisch-Kurzhaar

Das Idealbild der Europäerin nach dem Standard verkörpert die gute alte Hauskatze: mittelgroß, mittelschlank, gut proportioniert, ohne irgendwelche Extras – dafür aber mit Stammbaum. Die Augenfarbe darf Grün, Gelb, Orange oder Blau sein. Die Fellfarben entsprechen denen der Briten.

Im Wesen ist diese Katze gleich wie die Hauskatze.

## Abessinier

Die durchgehende Wildfärbung prägt das Aussehen der Abessinierkatzen. Wie die Somali hat diese Kurzhaarkatze gebänderte Haare, einen Wildfleck am Ohr und bernsteingelbe bis grüne Augen. Sie ist mittelgroß, nicht zu schlank, aber geschmeidig und gleicht in der Figur einer Hauskatze.

Die Abessinierkatze entspricht im Temperament auch am ehesten der Hauskatze. Sie ist selbstbewußt, spielt und schmust gerne, will aber zwischendurch auch ihre Ruhe haben. Freilauf nimmt sie dankbar an.

## Manx

Durch eine Mutation auf der Insel Man entstanden dort schwanzlose Katzen, deren Körper aufgrund des fehlenden Schwanzes quadratisch wirkt. Manxkatzen zeigen fast immer ein leicht gekrümmtes Rückgrat, der Körperbau sonst entspricht dem einer Britin. Die Rasse wird in allen Farben gezüchtet, ist bei uns aber relativ selten.

Vom Temperament her sind die Manx sehr menschenbezogen und verschmust und können daher ohne Probleme auch in einer kleinen Wohnung gehalten werden.

## Japanese Bobtail

Diese japanische Glückskatze ist nicht wie die Manx ganz schwanzlos, sondern zeigt einen Stummelschwanz, dessen Haare rund um die Schwanzspitze hochgestellt sind, so daß er aussieht wie eine Puderquaste. Die Hinterbeine der mittelgroßen Katzen sind höher als die vorderen, der Körper soll kräftig, aber nicht plump sein. Bevorzugte Fellfarbe ist Schwarz-Rot-Weiß, die allerdings nur bei Weibchen fallen kann. Die meisten Bobtailkater sind zweifarbig.
Die Bobtails sind freundliche, aber unaufdringliche Wohnungskatzen, die keinen Freilauf brauchen und sich auch mit wenig Platz begnügen.

## Burma

Unter den nicht gertenschlanken Kurzhaarkatzen ist die Burma das temperamentsbündel. Sie kann ihre Verwandtschaft mit der Siamkatze nicht leugnen, obwohl sie in Körperbau und Farben von ihr abweicht. Sie wird in allen Farbschlägen gezüchtet. Die Burma ist mittelgroß, mit einem keilförmigen Kopf, weit auseinanderstehenden schrägen Mandelaugen, die goldgelb bis bernsteinfarben leuchten. Der Körper weckt den Anschein der Zierlichkeit, soll aber muskulös und kompakt sein.
Die Burma ist sehr menschenbezogen. Keine Katze, die sich allein wohl fühlt, sondern eine, die am liebsten rund um die Uhr mit ihrem Menschen lebt. Freilauf ist nicht nötig, wenn genügend Spielmöglichkeiten in der Wohnung geboten werden.

## Korat

Sehr feingliedrig, zierlich und puppenhaft wirkt die Korat mit ihrem herzförmigen Gesicht und dem silberblau glänzenden, nicht allzu kurzen Fell, das im Rücken oft einen Scheitel bildet.
Die Korat übt gerne vornehme Zurückhaltung und eignet sich nicht für einen turbulenten Haushalt, obwohl sie verschmust und eine ideale Wohnungskatze ist.

## Rexkatzen

Drei Lockenkatzen werden inzwischen gezüchtet: Die Cornish Rex, die Devon Rex und die German Rex. Alle drei haben einen sehr schlanken Körper, große Ohren und einen keilförmigen Kopf. Die Besonderheit ist das Fell, das bei der Cornish vor allem auf dem Rücken gelockt oder gewellt und sehr kurz und dicht ist, bei der ebenfalls gewellt-lockigen Devon sehr weich und etwas länger und bei der German samtig-dicht, kurz und leicht gewellt.
Die Lockenkatzen sind anschmiegsam und Dauerschmuser mit Piepsstimmchen. Alle drei zeigen viel Temperament und eine für ihre zierliche Figur außerordentliche Kraft.

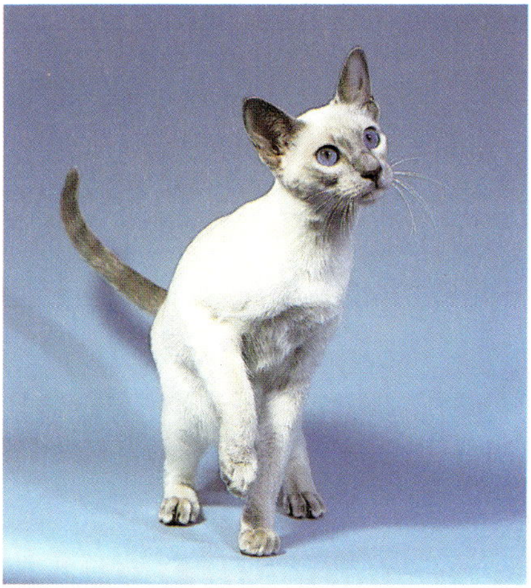

## Siamkatzen

Neben der Perser ist die Siam die beliebteste Rassekatze. Sie ist schlank und hochbeinig, mit langem, schmalem Kopf, großen Ohren und mandelförmigen, tiefblauen Augen. Der Körper ist elfenbeinfarben mit den charakteristischen Abzeichen aller Maskenkatzen.
Die Siam gilt zusammen mit den Orientalen als die menschenbezogenste aller Rassekatzen. Sie vergöttert ihre Menschen ähnlich wie ein Hund. Vom Temperament her lassen sich Siamesen mit keiner Rasse vergleichen. Sie stehen immer unter Strom, spielen leidenschaftlich und wild und schmusen andererseits hingebungsvoll. Ein Energiebündel, das sich seinen Menschen vollkommen hingibt, aber das gleiche für sich beansprucht.

## Orientalisch-Kurzhaar

Das maskenlose Pendant zur Siamkatze zeigt deren Körperbau und Temperament. Die braune Orientalin wird Havana genannt, die lilacfarbene Lavender, die schneeweiße heißt Foreign White (mit blauen Augen). Die Augenfarbe der Orientalen ist grün.
Diese überschlanken Katzen zeigen die gleiche Spiellust und Menschenbezogenheit wie ihre Maskenschwestern. Sie sind nichts für Leute, die abends ihre Ruhe haben möchten, sondern brauchen Menschen, die wirklich intensiv mit einer Katze leben wollen.

# Register

*Kursive* Seitenzahlen verweisen auch auf Abbildungen.